CITY|TRIP
VENEDIG

Inhalt

Nicht verpassen	1
Benutzungshinweise	5
Impressum	6

Auf ins Vergnügen — 7

Venedig an einem Wochenende	8
Zur richtigen Zeit am richtigen Ort	11
Venedig für Citybummler	14
Venedig für Kauflustige	15
Venedig für Genießer	22
Venedig am Abend	36
Venedig für Kunst- und Museumsfreunde	39
Venedig zum Träumen und Entspannen	45

Am Puls der Stadt — 47

Das Antlitz der Stadt	48
Von den Anfängen bis zur Gegenwart	50
Leben in der Stadt	54

Venedig entdecken — 57

Christen und Juden: Cannaregio — 58

❶ Ponte della Costituzione (Verfassungsbrücke) ★★	58
❷ Ghetto ★★★	59
❸ Madonna dell'Orto ★★★	60
❹ Campo dei Mori ★	61
❺ Jesuitenkirche (Chiesa dei Gesuiti Santa Maria Assunta) ★★	62
❻ Santa Maria dei Miracoli ★★	62

Viele Facetten erleben: Castello — 63

❼ Santi Giovanni e Paolo ★★★	63
❽ Scuola Grande di San Marco und Standbild Colleonis ★★	64
❾ San Francesco della Vigna ★★	66
❿ Scuola Dalmata S. Giorgio degli Schiavoni ★★	67
⓫ Arsenal (Arsenale) ★★	67
⓬ Biennale-Gelände ★★	68
⓭ San Pietro in Castello ★★	68
⓮ San Zaccaria ★★	69
⓯ Santa Maria Formosa ★★	69
⓰ Palazzo Grimani ★★	69

Das Zentrum von Macht und Pracht: San Marco — 70

⓱ Markusplatz (Piazza San Marco) ★★★	70
⓲ Markuskirche (Basilica di San Marco) ★★★	71
⓳ Kirchturm von San Marco (Campanile di San Marco) ★★★	72
⓴ Dogenpalast (Palazzo Ducale) ★★★	73
㉑ Uhrturm (Torre dell'Orologio) ★★	75
㉒ San Moisè ★★	77
㉓ Santa Maria del Giglio ★★	78
㉔ Fenice-Theater (Teatro La Fenice) ★★	78
㉕ Santo Stefano ★★	79
㉖ Palazzo Grassi ★	79

Inhalt

In der Schleife des Kanals: San Polo und Santa Croce 79
- 27 Rund um Rialto ★★★ 79
- 28 Frari-Kirche (Santa Maria Gloriosa dei Frari) ★★★ 81
- 29 Scuola Grande di San Rocco ★★★ 82
- 30 Scuola Grande San Giovanni Evangelista ★★ 83

Bummeln und verweilen: Dorsoduro 83
- 31 Gallerie dell'Accademia ★★★ 84
- 32 Peggy Guggenheim Collection ★★ 85
- 33 Santa Maria della Salute ★★★ 85
- 34 Punta della Dogana – François Pinault Foundation ★★ 87
- 35 Zattere ★★ 88
- 36 Scuola Grande dei Carmini ★★ 88
- 37 Museo del Settecento – Ca' Rezzonico ★★ 89

Mit der Linie 2: San Giorgio Maggiore und die Giudecca 90
- 38 Insel San Giorgio Maggiore ★★ 90
- 39 Insel Giudecca ★★ 91
- 40 Chiesa delle Zitelle ★ 91
- 41 Il Redentore ★★ 92

42 Canal Grande: Sightseeing vom Schiff aus ★★★ 93

Verborgene Schätze: Entdeckungen auf den Inseln 99
- 43 Friedhofsinsel San Michele ★★★ 99
- 44 Murano ★★ 100
- 45 Torcello ★★ 101
- 46 Burano ★ 101
- 47 San Servolo ★★ 102
- 48 Lazzaretto Nuovo ★★ 102
- 49 Lido ★★ 103

Praktische Reisetipps 105

An- und Rückreise	106
Autofahren	108
Barrierefreies Reisen	109
Diplomatische Vertretungen	109
Geldfragen	109
Hunde	111
Informationsquellen	111
Internet und Internetcafés	114
Medizinische Versorgung	114
Mit Kindern unterwegs	115
Notfälle	116
Post	117
Schwule und Lesben	117
Sicherheit	118
Sprache	118
Stadttouren	118
Telefonieren	120
Toiletten	120
Unterkunft	120
Verhaltenstipps	127
Verkehrsmittel	128
Wetter und Reisezeit	129

Anhang 131

Kleine Sprachhilfe Italienisch	132
Register	135
Die Autorin	138
Liste der Karteneinträge	139
Zeichenerklärung	143
Venedig, Umgebungskarte	143
Venedig, Schiffslinienplan	144

Exkurse zwischendurch

Das gibt es nur in Venedig	10
Feiertage im Überblick	12
Smoker's Guide	31
Von der Mördergasse zur Brücke der Brüste	49
Venezianer: vom Inseldasein geprägt	56
Kurze Geschichte des Ghettos	60
Acqua alta: lästig oder malerisch?	76
Wenn Türken fliegen: der venezianische Karneval	80
Die venezianischen Schiffe: Gondeln	89
Vampire in der Lagune	103
Venedig preiswert	110
Meine Literaturtipps	112
Fast eine eigene Sprache: das Venezianische	118

Benutzungshinweise

City-Faltplan

Eine **Liste der im Buch beschriebenen Örtlichkeiten** wie Sehenswürdigkeiten, Restaurants, Hotels, Cafés, Infostellen befindet sich auf S. 139.

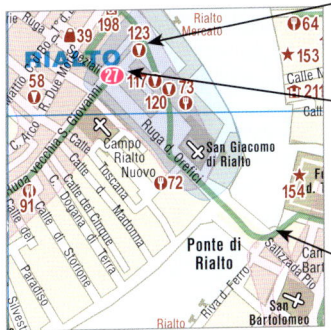

Orientierungssystem

Zur schnelleren Orientierung tragen alle Hauptsehenswürdigkeiten und Lokalitäten sowohl im Text als auch im Kartenmaterial die gleiche Nummer:

❶123 Mit Symbol und fortlaufender Nummer werden die sonstigen Lokalitäten wie Cafés, Geschäfte, Hotels, Infostellen usw. gekennzeichnet.

㉗ Mit einer fortlaufenden magentafarbenen Nummer sind die Hauptsehenswürdigkeiten gekennzeichnet. Steht die Nummer im Fließtext, verweist sie auf die Beschreibung dieser Sehenswürdigkeit im Kapitel „Venedig entdecken".

› Die farbigen Linien markieren den Verlauf der Stadtspaziergänge (s. S. 8/9).

[F5] In eckigen Klammern steht das Planquadrat im Kartenmaterial, in diesem Beispiel Planquadrat F5.

Ortsmarken ohne Angabe des Planquadrats liegen außerhalb unserer Karten. Sie können aber wie alle Örtlichkeiten in unseren speziellen Luftbildkarten auf der Produktseite dieses Buches unter www.reise-know-how.de oder direkt unter http://ct-venedig.reise-know-how.de lokalisiert werden.

Bewertung der Sehenswürdigkeiten

★★★ auf keinen Fall verpassen
★★ besonders sehenswert
★ wichtige Sehenswürdigkeit für speziell interessierte Besucher

Impressum

Birgit Weichmann

CityTrip Venedig

erschienen im
REISE KNOW-HOW Verlag Peter Rump GmbH,
Osnabrücker Str. 79, 33649 Bielefeld

© REISE KNOW-HOW Verlag
  Peter Rump GmbH 2010, 2012
**3., neu bearbeitete und komplett
  aktualisierte Auflage 2013**
Alle Rechte vorbehalten.

ISBN 978-3-8317-2342-3
PRINTED IN GERMANY

Dieses Buch ist erhältlich in jeder Buchhandlung Deutschlands, der Schweiz, Österreichs, Belgiens und der Niederlande. Bitte informieren Sie Ihren Buchhändler über folgende Bezugsadressen:
  Deutschland: Prolit GmbH, Postfach 9, D-35461 Fernwald (Annerod) sowie alle Barsortimente
  Schweiz: AVA Verlagsauslieferung AG, Postfach 27, CH-8910 Affoltern
  Österreich: Mohr Morawa Buchvertrieb GmbH, Sulzengasse 2, A-1230 Wien
  Niederlande, Belgien: Willems Adventure, www.willemsadventure.nl
Wer im Buchhandel kein Glück hat, bekommt unsere Bücher auch über unseren Büchershop im Internet:
www.reise-know-how.de

Herausgeber: Klaus Werner
Lektorat: amundo media GmbH
Layout: Klaus Werner (Umschlag),
  Anna Medvedev (Inhalt)
Karten: Ingenieurbüro B. Spachmüller,
  amundo media GmbH
Druck und Bindung: Media-Print, Paderborn
Fotos: die Autorin (bw), Max R. Liebhart (ml)
Anzeigenvertrieb: KV Kommunalverlag
  GmbH & Co. KG, Alte Landstraße 23,
  85521 Ottobrunn, Tel. 089 928096-0,
  info@kommunal-verlag.de

Alle Informationen in diesem Buch sind von der Autorin mit größter Sorgfalt gesammelt und vom Lektorat des Verlages gewissenhaft bearbeitet und überprüft worden.
Da inhaltliche und sachliche Fehler nicht ausgeschlossen werden können, erklärt der Verlag, dass alle Angaben im Sinne der Produkthaftung ohne Garantie erfolgen und dass Verlag wie Autorin keinerlei Verantwortung und Haftung für inhaltliche und sachliche Fehler übernehmen.
Die Nennung von Firmen und ihren Produkten und ihre Reihenfolge sind als Beispiel ohne Wertung gegenüber anderen anzusehen.
Qualitäts- und Quantitätsangaben sind rein subjektive Einschätzungen der Autorin und dienen keinesfalls der Bewerbung von Firmen oder Produkten.
Wir freuen uns über Kritik, Kommentare und Verbesserungsvorschläge:
info@reise-know-how.de

Latest News

Unter **www.reise-know-how.de** werden aktuelle Ergänzungen und Änderungen der Autoren und Leser zum vorliegenden Buch bereitgestellt. Sie sind auf der Produktseite dieses CityTrip Titels abrufbar.

www.reise-know-how.de
- Ergänzungen nach Redaktionsschluss
- kostenlose Zusatzinfos und Downloads
- das komplette Verlagsprogramm
- aktuelle Erscheinungstermine
- Newsletter abonnieren

Verlagsshop mit Sonderangeboten

Auf ins Vergnügen 7

Auf ins Vergnügen

Venedig an einem Wochenende

Venedig an einem Wochenende!? Das ist eigentlich nicht machbar. In der Serenissìma, der Heitersten, wie die Stadt auch genannt wird, ist nämlich nahezu alles von historischem oder kunsthistorischem Interesse, sehens- oder besichtigenswert. Wie soll man da auswählen, bei mehr als 300 Palazzi, 117 Kirchen und an die 40 Museen? Venedig lässt sich nicht besichtigen wie Madrid oder Berlin, denn Venedig ist nicht in bestimmten Vierteln oder Straßenzügen sehenswert, sondern als Ganzes. Wie also der Stadt an einem Wochenende gerecht werden?

*Zunächst einmal muss man sich gut ausrüsten: Ganz wichtig ist – unabhängig von der Jahreszeit – **festes Schuhwerk**. Man wird in Venedig so viel zu Fuß unterwegs sein wie in keiner anderen Stadt!*

1. Tag: Spaziergang vom Salon zum Kanal

Natürlich muss man am ersten Tag der guten Stube Venedigs einen Besuch abstatten. Napoleon nannte den **Markusplatz** [17] den „schönsten Salon Europas". Den besten Eindruck bekommt man bei einem Rundgang durch den **Dogenpalast** [20]. Zwei bis drei Stunden muss man für das riesige Gebäude mindestens einplanen. Die ganze Geschichte und der frühere Reichtum Venedigs werden dem Besucher hier präsentiert.

Weiter geht es durch die edlen Einkaufsstraßen der **Merceria de l'Orologio** [G6] unter dem Uhrturm hindurch zur **Rialtobrücke**. Auf dem Weg dorthin kann man sich in der Trattoria Antico Calice (s. S. 28) in der Calle degli Stagneri unweit des Campo San Bartolomeo kurz vor der Rialtobrücke mit venezianischen Spezialitäten stärken. Wenn es ein wenig mehr, aber nicht minder venedigtypisch sein soll, vergnügt man sich in der **Taverna del Campiello Remer** (s. S. 27) mit Blick auf den Rialto-Markt am Mittagsbüfett.

Bevor es auf die **Rialtobrücke** geht, sollte man einen Blick auf das ehemalige Handelshaus der deutschen Kaufleute am Canal Grande, den **Fondaco dei Tedeschi** (s. S. 96) werfen. Auf der **Rialtobrücke** lohnt der Blick in beide Richtungen den Kanal entlang und in die dortigen Geschäfte. Jetzt ist ein wenig Eile angesagt, um die **Marktstände** am Gemüsemarkt und die Fischstände noch in Aktion zu erleben (außer sonntags).

Um ein ganz anderes Venedig zu erleben, laufen wir durch den Stadtteil San Polo zur Kirche **Santa Maria Gloriosa dei Frari** [28]. Ein Blick in ihr imposantes Inneres lohnt sich in jedem Fall. Wer noch mehr Kunst erleben möchte, kann um die Ecke viele großformatige Gemälde Tintorettos in der **Scuola Grande di San Rocco** [29] genießen. Von dort geht es weiter über den Campo San Tomà zur Anlegestelle des Traghettos „San Tomà", um mit einer **Gondelfähre** für 2 € über den Canal Grande zu fahren. Am anderen Ufer angelangt endet der Spaziergang am Campo Santo Stefano. Dort beginnt dann der zweite Spaziergang.

▷ *Die Kirche Santa Maria della Salute* [33] *ist einer der Orientierungspunkte in Venedig*

Auf ins Vergnügen
Venedig an einem Wochenende

Routenverlauf im Stadtplan
Die hier beschriebenen Spaziergänge sind mit farbigen Linien im Stadtplan eingezeichnet.

Abends

Am Abend ist ein Besuch im berühmten **Teatro La Fenice** ❷ zu empfehlen. Karten gibt es über das Hotelpersonal oder man hat sich vorab im Internet damit versorgt. Nach dem Opern- oder Konzertbesuch macht es viel Spaß, durch die menschenleeren Gassen zu schlendern und in einem der vielen kleinen Lokale noch ein Glas Wein zu trinken. Wer allerdings auf ein üppiges Mittagessen verzichtet hat, sollte (möglichst nicht vor 19.30 Uhr) unbedingt in einem der **typisch venezianischen Lokale** (s. S. 30) einkehren, um sich den kulinarischen Genüssen der italienischen Küche hinzugeben.

2. Tag: Spaziergang auf dem harten Rücken

Am Vormittag steht der Besuch des Stadtteils **Dorsoduro** auf dem Programm. Vom **Campo Santo Stefano** aus gelangt man über die Holzbrücke an der Gemäldegalerie Accademia auf den „harten Rücken", wie der Stadtteil übersetzt heißt. Viele Wasserwege und kleine Plätze machen den Dorsoduro zu einem freundlichen Stadtteil mit unterschiedlichen Gesichtern. Wer mag, kann die berühmte Gemäldesammlung venezianischer Kunst, die **Gallerie dell'Accademia** ❸, besichtigen. Sie zählt zu den bedeutendsten Kunstsammlungen der Welt.

Weiter geht der Weg ostwärts, an der **Peggy Guggenheim Collection** für moderne Kunst ❷ vorbei, bis man zum monumentalen, blendend weißen Bau der Kirche **Santa Maria della Salute** ❸ gelangt. In diesen Rundbau muss man unbedingt einen Blick werfen. Gleich daneben liegt die **Dogana da Mar**, die Meereszollstation, in deren weitläufigen Hallen der französische Milliardär François Pinault das Museum **Punta della Dogana – François Pinault Foundation** ❹ eröffnet hat, eine beispiellose Sammlung moderner Gegenwartskunst.

Wenn man um die Spitze des Stadtviertels, die **Punta della Dogana** [F8], läuft, bietet sich ein umwerfender Rundblick. Am Ufer des Giudecca-Kanals entlang führt ein sonniger Weg, der auch im Winter bevorzugtes Spazierterrain der Venezianer ist. Hier fin-

Das gibt es nur in Venedig

› Ein Fest, für das extra eine Pontonbrücke über den Canal Grande gebaut wird: Die **Festa della Madonna della Salute** am 21. November ist ein stilles Fest, das auf ein Pestgelübde aus dem Jahre 1630 zurückgeht. Von der Kirche Santa Maria del Giglio ㉓ aus wird über die provisorische Brücke zur Salute-Kirche ㉝ gepilgert. Dort stiftet man der Madonna große Kerzen. Bereits am Tag zuvor und auch nach der offiziellen Prozession ziehen die Venezianer in Scharen zur Kirche.

› In Venedig kann man **Schatten trinken:** „Andare per ombre", eine Schattenrunde drehen, gehört fest zum venezianischen Alltag. Eine „ombra" ist ein kleines Gläschen Wein aus dem venezianischen Hinterland oder dem angrenzenden Friaul. Ein richtiger Venezianer – und damit sind nicht nur die Männer gemeint – beginnt schon lange vor dem Mittagessen mit seiner ersten „ombra" und trinkt sich von „ombra" zu „ombra" durch den Tag. Der Begriff soll vom Schatten („ombra") kommen, dem die Weinverkäufer früher auf der Piazza San Marco rund um den Campanile folgten, um ihre Weinfässer im Schatten kühl zu halten.

› Die Stadt ist ein **Labyrinth:** Venedig ist in sechs Stadtteile eingeteilt, die sogenannten Sestiere. Zum Labyrinth werden diese Stadtteile in erster Linie dadurch, dass alle Häuser eines Sestiere fortlaufend nummeriert sind. Napoleon hatte diese Systematik eingeführt, an der bis heute festgehalten wird. Sich zurechtzufinden ist schwer, denn es gibt 29.254 Hausnummern in Venedig, die ohne jede erkennbare Logik verteilt sind. Und: Die Namen der Gassen, die im Stadtplan stehen, erscheinen nicht in der offiziellen Adresse. Der Stadtplan hilft also nur bedingt weiter.

› Die Venezianer behaupten, ihre Stadt sei die erste in Europa, in der es eine **Tradition des Kaffeetrinkens** gab: Im Jahre 1585 gab erstmals Gianfrancesco Morosini den Venezianern Kunde von einem „absonderlichen schwarzen Wasser", 1683 öffneten die ersten Kaffeehäuser in den Prokuratien unter den Arkaden am Markusplatz. 24 „botteghe del caffè" gab es im vergnügungssüchtigen 18. Jahrhundert rund um den Markusplatz. 1720 gegründet, ist das Caffè Florian (s. S. 34) eine der Wiegen des heutigen Espresso.

det man zahlreiche einladende Lokale mit Terrassen für eine Rast. Wenn man an der **Zattere** ㉟ genannten **Uferpromenade** bei der Schiffsanlegestelle „Zattere" nach rechts den Rio di San Trovaso entlang läuft, sieht man eine der letzten **Gondelwerften** (s. S. 88) der Stadt.

› *Traditionelle Masken beim berühmten venezianischen Karneval, hier jene der Pestdoktoren*

Weiter geht es über den Campo San Barnaba bis zur **Ca' Rezzonico**, dem Museum des 18. Jahrhunderts ❸❼. Hier kann man im schattigen Hofgarten entspannen oder tief in Venedigs Geschichte eintauchen. Mit dem Schiff der Linie 1 geht es zurück Richtung Bahnhof oder San Marco.

Abends

Nach dem Abendessen in einem der Lokale rund um Rialto (vorher reservieren, sie sind recht klein) bietet sich eine **nächtliche Fahrt auf dem Canal Grande** an. Es ist wunderschön, in die beleuchteten Fenster der Palazzi zu blicken. Ein besonderes Ereignis ist ein Spaziergang über den **nächtlichen Markusplatz**. Bei schönem Wetter bieten hier Künstler ihre Werke an und die Orchester der **historischen Kaffeehäuser** überbieten sich in Freiluftkonzerten.

Zur richtigen Zeit am richtigen Ort

Venedig lebt von und mit seinen Festen und Feiertagen. Es gibt einige seit Jahrhunderten gefeierte Feste, die an historische Begebenheiten erinnern und heute noch mit großem Ernst und noch größerer Freude begangen werden. Einige neuere, meist sportliche Veranstaltungen wie etwa der Volkslauf „Su e zo per i ponti" oder der „Venice Marathon" haben sich inzwischen ebenfalls etabliert.

Was wann stattfindet – insbesondere wichtig bei den Veranstaltungen ohne festes Datum – erfährt man am besten in den Touristeninformationen (s. S. 111) oder im Internet unter

› www.turismovenezia.it, italienisch und englisch, aktuelle Hinweise z. B. zu Ausstellungen und Festen

Auf ins Vergnügen
Zur richtigen Zeit am richtigen Ort

Januar bis März

> **Regata della Befana:** Am 6. Januar rudern als Hexen verkleidete Männer den Canal Grande entlang. Dies ist die erste von zahllosen Regatten des Jahres.
> **Carnevale/Karneval** (Februar/März): Am Sonntag vor Weiberfastnacht beginnt der Karneval auf der Piazza San Marco mit einem Maskenumzug, anschließend gibt es täglich Karnevalsprogramm bis zum Faschingsdienstag (s. S. 80).
> **Su e zo per i ponti** am 2. Sonntag im März (manchmal auch erst im April): „Die Brücken rauf und runter" – den Volkslauf vom Ponte della Paglia beim Dogenpalast bis zur Piazza di San Marco durch Gassen aller Stadtbezirke in Form eines Orientierungslaufs gibt es seit über 20 Jahren.

Feiertage im Überblick

> **1. Januar:** *Capodanno*, Neujahr
> **6. Januar:** *Epifania, La Befana*, Dreikönigsfest
> **Februar/März:** *Carnevale*, Karneval
> **März/April:** *Pasqua*, Ostern (Karfreitag ist in Italien kein Feiertag)
> **25. April:** *Anniversario della Liberazione*, Tag der Befreiung Italiens, in Venedig auch *Festa di San Marco*, Markustag
> **1. Mai:** *Festa del Lavoro*, Tag der Arbeit
> **Mai:** *Festa della Sensa* (Sonntag nach Himmelfahrt)
> **Mai/Juni:** Pfingstsonntag (Pfingstmontag ist in Italien kein Feiertag)
> **3. Sonntag im Juli:** *Festa del Redentore*, Erlöserfest in Venedig
> **15. August:** *Ferragosto*, Mariä Himmelfahrt
> **1. November:** *Ognissanti*, Allerheiligen
> **21. November:** *Festa della Madonna della Salute*, venezianischer Feiertag
> **8. Dezember:** *Festa dell'Immacolata*, Mariä Empfängnis
> **25. Dezember:** *Natale*, Weihnachten
> **26. Dezember:** *Santo Stefano*, Stefanstag

Die meisten Feiertage *(giorni festivi)* werden in ganz Italien gefeiert, doch Venedig hat auch spezielle Tage, an denen nur die Stadt feiert und die meisten Läden geschlossen sind.

April bis Juni

> **Festa di San Marco (Markustag):** Der Tag des Stadtpatrons wird am 25. April gefeiert. Man gedenkt dabei der Überführung der Gebeine des heiligen Markus von Alexandria nach Venedig im Jahre 828 – früher mit Staatsakt und Prozession, heutzutage mit Hochamt in der Basilika, Fest auf der Piazza di San Marco und Ruderregatta zwischen Sant' Elena und der Punta della Dogana an der Salute-Kirche. Der älteste Feiertag der Stadt ist auch als „Festa del Bòcolo" bekannt, „Fest der Knospe", da Venezianer an diesem Tag ihrer Mutter, Frau, Freundin oder Geliebten eine Rosenknospe oder einen Strauß schenken, in Erinnerung an eine unglücklich zu Ende gegangene Liebesgeschichte aus der Zeit der Republik. Der 25. April ist darüber hinaus aber auch Feiertag in ganz Italien: An diesem Tag wird die „Festa della Liberazione" gefeiert, das Ende des 2. Weltkriegs.
> **Vogalonga:** Anfang bis Mitte Mai, ohne festes Datum. Mehr als 30 km wird mit Ruderbooten jeden Typs durch die Lagune gerudert.
> **Festa della Sensa:** Der Sonntag nach Himmelfahrt wird mit einem Festumzug mit prachtvollen historischen Booten von San Marco zum Lido begangen. Dort findet die symbolische Vermählung des Dogen mit dem Meer statt *(Sposalizio*

Auf ins Vergnügen
Zur richtigen Zeit am richtigen Ort

del Mar), ursprünglich, um die Bedeutung des Meeres für Venedig und dessen Seemacht zu verdeutlichen. Der amtierende Bürgermeister wirft hierzu vor der Lido-Kirche San Nicolò einen goldenen Ring ins Wasser. Anschließend finden ein Gottesdienst und ein Trödelmarkt vor der Kirche sowie eine Regatta statt.

› **Biennale d'Arte – Kunst-Biennale:** Anfang Juni bis Ende November (jedes zweite, ungerade Jahr: 2013, 2015, 2017 usw.) findet die Internationale Kunstausstellung zeitgenössischer Kunst in den Länderpavillons der Giardini Pubblici (Vaporetto-Halt „Giardini"), im benachbarten Arsenale-Gelände und über die ganze Stadt verteilt statt. Das musikalische, tänzerische und filmische Rahmenprogramm wird von Mal zu Mal größer. Die Kunst-Biennale wechselt sich mit der Architektur-Biennale (in den geraden Jahren, Anfang September bis Ende November) ab (www.labiennale.org).

△ *Bei der Regata storica am ersten Sonntag im September fahren viele historische Schiffe den Canal Grande entlang*

Juli bis September

› **Festa del Redentore (Erlöserfest):** Am dritten Sonntag im Juli startet diese Prozession von den Zattere auf einer Pontonbrücke über den Giudecca-Kanal zur Erlöserkirche Il Redentore. Die Kirche war nach einem Gelübde zur Abwendung der Pest von Andrea Palladio geplant und gebaut worden. Am Vorabend finden ein Lampionkorso geschmückter Boote auf dem Giudecca-Kanal und ein Picknick statt, um 23.30 Uhr Feuerwerk und eine große Wasserparty! Wer kein Boot hat, kann auch an den Zattere oder auf der Giudecca-Insel mitfeiern.

› **Mostra Internazionale d'Arte Cinematografica:** Ende Aug./Anfang Sept. füllt das internationale Filmfestival, die italienische Version von Cannes, die Stadt mit Prominenten. Hier werden die Goldenen Löwen vergeben. Im Palazzo del Cinema auf dem Lido findet das offizielle Programm statt, in den Kinos der Stadt und in Freilichtfilmtheatern wie etwa auf dem Campo San Polo [D5] das Drumherum (auf San Polo Freiluftkino schon ab Juli, Karten nur vor Ort). VIPs, Stars und Sternchen der Filmwelt sind vor allem am Lido zu finden (www.labiennale.org/en/cinema).

Auf ins Vergnügen
Venedig für Citybummler

> **Regata storica:** Am ersten Sonntag im September findet auf dem Canal Grande eine große Parade historischer Boote und kostümierter Besatzungen im Stil des 15. Jh. statt. Den anschließenden Ruderwettkampf nehmen die Einheimischen sehr ernst. Die Regata storica markiert gleichzeitig das Ende der Sommerzeit in Venedig: Man ist aus der Sommerfrische zurückgekehrt. Viele nehmen das Fest zum Anlass für Partys, häufig auf Booten, die am Ufer des Kanals festgemacht sind.

Oktober bis Dezember

> **Venice Marathon:** Ganz eben, aber landschaftlich sehr schön geht es den Brenta-Kanal entlang, von der Villa Pisani in Strà bei Padua über den Ponte della Libertà bis zum Markusplatz (Ende Okt., meist vierter So., www.venicemarathon.it).
> **Festa della Madonna della Salute:** Das Fest am 21. November ist ein rein venezianischer, kirchlicher Feiertag (s. S. 87).
> **Capodanno/Silvester:** Großes Event auf dem Markusplatz mit Feuerwerk.

EXTRATIPP

Silvesterküsse
In der Silvesternacht findet um Mitternacht eine **Kussorgie** auf dem Markusplatz statt. Über 60.000 Küsser kommen dort seit 2008 in der Regel zu einem bunten, nächtlichen Programm zusammen, das in einem **gemeinschaftlichen Mitternachtskuss** mit anschließendem **Feuerwerk** gipfelt (www.capodannovenezia.it). Und am 1. Januar 11 Uhr steigen **Wasserratten** am Lido (Höhe Hotel des Bain) in die kalten Wogen, um das neue Jahr zu begrüßen.

Noch mehr Küsse? Seit Kurzem wird auch der **Valentinstag** touristisch vermarktet. www.sanvalentino.venezia.it

Venedig für Citybummler

Das, was man landläufig als „Venedig" bezeichnet, ist das historische Venedig, das **Centro Storico** rund um den Canal Grande. Es ist in sechs Stadtbezirke, die sogenannten **Sestieri**, eingeteilt. Jeder dieser Bezirke ist **eine kleine Welt für sich**, ist von den anderen sehr verschieden und hat eine eigene „Seele". Für die meisten Besucher beginnt der Blick auf die Stadt in Bahnhofsnähe, wo nicht nur die Züge, sondern auch die Busse ankommen bzw. für den Autoverkehr Schluss ist. Der Bahnhof gehört zum Sestiere Cannaregio, Castello und San Marco schließen sich im Osten an. Auf der Südseite des Canal Grande finden sich Santa Croce und San Polo sowie der Dorsoduro, zu dem auch die Insel Giudecca gehört. Diese Sechsteilung des aus vielen kleinen Inselansiedelungen zusammengewachsenen Stadtgebietes erfolgte 1169.

Auf jeden Fall sollte man eine Fahrt auf einem Linienboot der Linie 1 oder 2 entlang der prächtigen Palazzi und unter den Brücken des **Canal Grande** ㊷ machen. Und wer als Kontrast zum Pflastertreten und zur Kultur ein Naturerlebnis mit **Meeresbrandung** sucht, der setze sich in ein Boot Richtung **Lido** und laufe stundenlang am Strand des Lido di Venezia entlang.

Genau das Gegenteil findet man im am dichtesten bewohnten Stadtteil **San Polo**. Vor allen Dingen rund um **Rialto** ㉗ und seinen berühmten **Markt** bietet das Viertel viel Abwechslung zwischen touristisch und kunsthistorisch interessanten Ecken und verträumten Gassen. Das Sestiere **Dorsoduro**, der „harte Rücken", erinnert durch seine Namensgebung an den felsigen Untergrund, auf dem dieser Bezirk der Stadt erbaut ist. Die Gegend gilt heute in weiten Teilen als Künstlerviertel, das mit Arbeiterregionen und dem volkstümlichen Viertel um den Campo Santa Margherita rivalisiert. Seine breite **Sonnenpromenade, die Zattere** ㉟, ist eine beliebte Schlendermeile. Viele Lokale laden hier zum Verweilen ein. Ein Muss ist ein Halt bei der **Gelateria da Nico** (s. S. 35): Nicos *gianduiotto*, gefrorener Nougat in Schlagsahne, darf sich kein Flaneur entgehen lassen.

Eines darf man bei seinem Venedig-Besuch nicht aus den Augen verlieren: In Venedig sollte man **gut zu Fuß** sein. Außer dem Linienverkehr mit dem Schiff auf dem Canal Grande und auf einigen Linien um das Centro Storico gibt es keine Verkehrsmittel. Man ist immer zu Fuß unterwegs. Es sei denn, man gönnt sich eine romantische Fahrt in einer **Gondel** ...

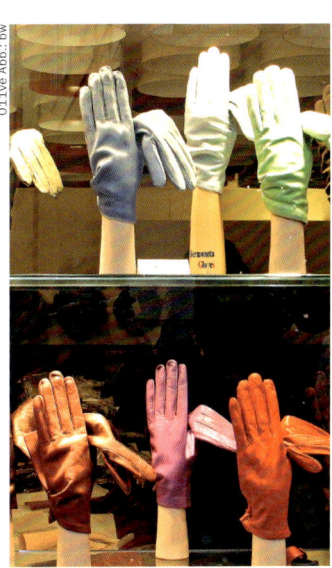

Venedig für Kauflustige

Venedig ist schon seit dem Mittelalter eine Handelsstadt. Ihr damaliger Reichtum beruhte u. a. auf dem Handel mit Luxusgütern wie Glas, Seide und Gewürzen, was heute noch spürbar ist. Auch das Zentrum des Handels ist heute noch dasselbe wie damals: Rialto ㉗ und die Gassen zwischen der Rialtobrücke und dem Markusplatz ⑰.

Haupteinkaufsstraßen sind die Mercerie, die Gassen, die Rialto mit San Marco verbinden, und die Frezzeria, jene Gassen zwischen San Marco und dem Fenice-Theater.

◩ In Venedig gibt es noch viele kleine Kunsthandwerker, die selbstgemachte, edle Stücke verkaufen

Auf ins Vergnügen
Venedig für Kauflustige

EXTRAINFO

Die **Öffnungszeiten** der Geschäfte sind unterschiedlich, liegen aber in der Regel zwischen 9 und 20 Uhr. Kleinere Läden schließen mittags zwischen 12.30/13 und 15.30/16 Uhr. Lebensmittelläden und Supermärkte sind häufig am Mittwochnachmittag geschlossen, andere Geschäfte am Montagvormittag. In der **Hochsaison** und während der Adventswochen sind viele Läden zusätzlich sonntags geöffnet. Die Öffnungszeiten sind, vor allem während der Hochsaison, sehr dehnbar.

› **Preisnachlässe:** „Vendita promozionale", „Saldi" und „Sconti" – Ausdrücke, die man seinem Italienischwortschatz einverleiben sollte. Sie weisen auf Ausverkäufe oder reduzierte Preise hin, die in Italien viel verbreiteter und häufiger anzutreffen sind als anderswo. Eine gute Zeit dafür ist in den Wochen vor Weihnachten und im Januar.
› **Wichtig:** Beim Kauf von Plagiaten (gefälschten Markenartikeln) fliegender Straßenhändler wird in Italien scharf vorgegangen. Käufern drohen **Strafen bis zu 10.000 €**, wenn sie vor Ort erwischt werden. In Venedig wird wegen des hohen Aufkommens an illegalen afrikanischen Händlern sehr streng kontrolliert.

Antiquitäten

🛍1 [D6] **Antiquus,** San Marco 3131, Calle delle Botteghe (bei Campo S. Stefano). Ein Geschäft mit Atmosphäre und vielen alten Meistern. In der Calle delle Botteghe finden sich noch weitere Antiquitätenhändler.

🛍2 [D6] **Guarinoni,** San Polo 2862, Calle del Mandorlin, gleich bei Campo San Tomà. Hier werden alte Möbel nicht nur verkauft, sondern auch restauriert.

🛍3 [E4] **Le Zoie,** San Polo 1566, Calle dei Botteri, versteckt in einem wenig frequentierten Viertel hinter dem Rialto-Markt. Alter Schmuck, Silber und Ikonen lassen das Sammlerherz höher hüpfen.

🛍4 [E6] **quel che manca,** San Marco 3965, Salizzada de la Chiesa o de Teatro. Ein herrlich unaufgeräumter Antik-Trödelladen, sehr versteckt in einer Seitengasse der Calle della Mandola.

Bücher

🛍5 [H5] **Libreria „Acqua Alta",** Castello 5176, Calle Lunga. „Welcome to the most beautiful bookshop in the world", so lautet die Eigenwerbung dieses ungewöhnlichen Buchladens. Ungewöhnlich, weil der Besitzer sehr unkonventionell und ein wenig brummelig ist und weil mittendrin eine Originalgondel voller feuchter Bücher steht, die beim letzten Hochwasser untergegangen waren. Es ist alles etwas chaotisch, aber das schmälert nicht das Angebot: die größte Auswahl an Venediglliteratur der Stadt, und das in vielen Sprachen.

🛍6 [G4] **Libreria Miracoli,** Cannaregio 6062, mitten auf dem Platz gleich bei der Chiesa dei Miracoli. Hier herrscht ein liebenswertes Chaos. Man findet in der Libreria auch günstige Postkarten und viel Antiquarisches.

🛍7 [G4] **Marco Polo,** Cannaregio 5886 A, Calle del Teatro Malibran. Nomen est omen: Hinter dem Namen des Reisenden Marco Polo verbirgt sich eine kleine, aber feine Reisebuchhandlung. Inspirierende Auswahl und ein Schmankerl: Hier wird auch ein Buchtausch von gebrauchten Büchern (auch in Deutsch und Englisch geschriebene) angeboten.

🛍8 [C7] **Toletta,** Dorsoduro 1214, Calle della Toletta. Konkurrenzlos günstige Bücher, zum Teil bis zu 50 % ermäßigt, ein breites Angebot an Büchern zu Venedig.

Auf ins Vergnügen
Venedig für Kauflustige

Glas

- ∎9 [D5] **Amadi,** San Polo 2747, Calle Saoneri. Amadi macht so zarte, lebensechte Glastiere, dass man meint, sie seien einem Biologiebuch entsprungen.
- ∎10 [G6] **Archimede Seguso,** Piazza San Marco 143, unter den Arkaden der Procuratie. Einer der berühmtesten venezianischen Glaskünstler.
- ∎11 [D5] **Fabio Calchera,** San Polo 2586, Rio Terà dei Frari, unweit der Frari-Kirche. Der Meister sitzt zusammen mit seiner Frau mit Sonnenbrille hinter der Gasflamme. In der Werkstatt bekommt man kleine Glassouvenirs besonders günstig.
- ∎12 [G6] **Venini,** Piazza San Marco 314. Hier stellen gleich neben der Markuskirche die Topdesigner aus.
- ∎13 [G3] **Vittorio Costantini,** Cannaregio 5311, Calle del Fumo. Wie Amadi produziert Constantini realistische Insekten, Fische oder Vögel.

Handwerk und Kunst

- ∎14 [C7] **Signor Blum, Legno e Dintorni,** Dorsoduro 2840, Campo S. Barnaba. Moderne Holzgondeln, Mobiles oder die Fassaden von Palazzi als originelles Venedigsouvenir außerhalb der Kitschzone.
- ∎15 [B7] **Davide Battistin,** Dorsoduro 2627, Calle Lunga San Barnaba. Der junge venezianische Maler zeigt und verkauft in seinem kleinen Atelier wunderbar atmosphärische Venedig-Ansichten.
- ∎16 [D5] **Mario Gabbiato,** San Polo 2819, Campiello S. Tomà. Es lohnt sich tatsächlich, Bilder zum Rahmen nach Venedig mitzunehmen. Bilder in allen Größen werden nach Wunsch und mit handgeschnittenem Passepartout bei Mario Gabbiato zu unglaublich günstigen Preisen gerahmt. Wenn es sein muss, werden die Rahmen bis zum nächsten Tag fertiggestellt.
- ∎17 [C4] **intagiadora,** Santa Croce 982b, Campo Nazario Sauro. Wie schön, dass alte Kunst noch mit so viel Freude und Elan von jungen Menschen betrieben wird! Carlotta Morucchio schnitzt in ihrer winzigen Ladenwerkstatt, in der es herrlich nach Holz und Lacken duftet, Spiegel und Bilderrahmen nach alten Modellen. Sie marmoriert, vergoldet oder versilbert Holz und restauriert alte Holzschnitzereien.

Bereiche mit vielen Einkaufsgelegenheiten
Die wichtigsten Einkaufsbereiche der Stadt sind im Kartenmaterial mit einer rötlichen Fläche markiert.

▷ *In Venedig kann man sich Bilder – wie hier bei Mario Gabbiato – günstig rahmen lassen*

Auf ins Vergnügen
Venedig für Kauflustige

🔴 **18** [E6] **Rigattieri,** San Marco 3535, Calle dei Fratti, zwischen Campo S. Stefano und Campo Sant' Angelo. Alle Früchte dieser Welt … aber in Keramik aus Bassano del Grappa. Schöne, nicht zu teure Mitbringsel, die den Haushalt farbenfroher machen.

🔴 **19** [H3] **Fucina de Rossi,** Cannaregio 5068, Calle dei Buranelli in der Verlängerung der Calle del Fumo, gleich bei Fondamente Nuove. Hier befindet sich die Werkstatt und gleich gegenüber, in No. 5045, der Ausstellungsraum. Dort hängt der Himmel voller handgeschmiedeter und mundgeblasener Lampen.

🔴 **20** [G6] **Fonditore Valese,** San Marco 793, Calle Fiubera. Eine der ältesten Gießereien Venedigs (gegründet 1913) verkauft seine Schätze unweit des Markusplatzes. Hier ist alles aus Messing, vom Brieföffner bis zu ausladenden Kandelabern – echt venezianisches Handwerk fürs Heim oder als originelles Mitbringsel.

🔴 **21** [C7] **Bressanello Artstudio,** Dorsoduro 2835/A, Ponte dei Pugni. Fabio Bressanello macht wunderbar zarte Venedig-Fotos und begleitet auch Touristen auf Fototour durch die Stadt.

🔴 **22** [E5] **Ottica Vascellari,** San Polo 1030/31, Ruga Rialto (Ruga Vecchia S. Giovanni). Es lohnt sich, Brillen in Venedig zu kaufen! Roberto und seine Schwester Cristina Vascellari sind stolz auf ihre über 60-jährige Optiker-Familientradition. Ihre Brillengestelle bestehen v. a. aus Naturprodukten und werden im Familienbetrieb einzeln in Handarbeit gefertigt. Die meisten Gestelle werden aus einer Masse aus Zellulose gestanzt, mit kleinen Birkenholzstückchen tagelang mechanisch geschliffen und mit Lebertran und Bienenwachs poliert. Sie sind trotzdem sehr günstig – und zudem höchst individuell. Vascellari montiert – nach professioneller Untersuchung der Augen – angepasste Gläser über Nacht.

🔴 **23** [D5] **Franco Furlanetto,** San Polo 2768B, Calle dei Nomboli. Franco Furlanetto ist einer von drei Ruderdollenschnitzern, die es noch in Venedig gibt. Die Dollen (Ruderbefestigungen) und auch Ruder werden in seiner Werkstatt

> **EXTRATIPP**
>
> **Souvenirs aus dem Knast!**
> Wer Venedig besucht, denkt sicher nicht daran, dass es in der Lagunenstadt auch Gefängnisse gibt. Interessant ist das Gefängnis für Touristen erst seit einiger Zeit, denn dort werden sehr nette Mitbringsel gefertigt. Bedruckte T-Shirts mit pfiffigen Venedig-Motiven oder Taschen, alles in guter Qualität, kann man im Laden der Kooperative Rio Terà dei Pensieri unweit der Strada Nova oder im grünen Kiosk am Campo Santo Stefano [E7] kaufen.

🔴 **24** [E3] **Malefatte,** Cannaregio 2433, Calle Zancani, www.rioteradeipensieri.org

△ *Mundgeblasene, schmiedeeiserne Lampen haben in Venedig Tradition*

nach altem Vorbild von Hand geschnitzt. Seine Dollen (auch in Deko-Größen vorhanden) sind nicht nur in Gondeln im Einsatz, sondern werden weltweit auch als Kunstobjekte geschätzt.

Leder

🛍 25 [D5] **Fanny**, San Polo 2723, Calle dei Saoneri. Handgefertigte Handschuhe in allen Regenbogenfarben. Günstig!

🛍 26 [E5] **Francis Model**, San Polo 773 A, Ruga Rialto. Der Laden ist so klein, dass man ihn fast übersieht. Ein Vater-Sohn-Team macht dort seit über 40 Jahren edelste Taschen von Hand. Preislich angemessen.

🛍 27 [D6] **Mazzon „le Borse"**, San Polo 2807, Campiello S. Tomà. Das Ehepaar Mazzon lässt sich im hinteren Teil des Ladens beim Nähen der Handtaschen zusehen. Schöne Modelle in vielen Farben, auch Gürtel in individueller Länge werden im Handumdrehen angefertigt. *Das* persönliche Mitbringsel!

🛍 28 [D5] **Officine 904**, San Polo 2671, Calle Seconda dei Saoneri. Ein Architekt und eine Modedesignerin entwickeln Taschen. Heraus kommen ungewöhnliche Formen in tollen Farben und auch noch raffiniert verpackt.

Märkte

Mit **Lebensmittelmärkten** ist Venedig gut ausgestattet. Es gibt **Fischmärkte** (dienstag- bis samstagvormittags) am Rialto-Markt ㉗, auf dem Campo Santa Margherita [C6] und in der Via Guiseppe Garibaldi [K7]. Der **Gemüsemarkt** bei Rialto wird (in reduzierter Form) auch montags abgehalten. In der Via Garibaldi und am Campo San Barnaba [C7] gibt es Gemüse auf einem Boot zu kaufen und auf dem Campo Santa Margherita finden sich Stände mit Obst und Gemüse. Diese sind ganztägig geöffnet.

Jeweils von Freitag bis Sonntag an vier Wochenenden ist der Campo San Maurizio (Sestiere San Marco) [E7] Schauplatz eines **Antiquitätenmarktes** (www.mercatinocamposanmaurizio.it). Jeden 2. Sonntag und Montag des Monats findet unter dem Dach des Fischmarkts an Rialto zudem ein **Trödel- und Antikmarkt** statt.

Masken

🛍 29 [H6] **Ca' del Sol**, Castello 4964, Fondamenta Osmarin. Hier werden Masken und Kostüme noch nach alter venezianischer Tradition hergestellt. Man kann sie auch ausleihen.

🛍 30 [C7] **Ca' Macana**, Dorsoduro 3172, Calle delle Botteghe, San Barnaba. Im Macana findet man viele traditionelle Formen und einiges Gewagtes. Man kann den Maskenbildnern auch bei der Arbeit zusehen. Die Besitzer haben zudem einen Farbbildband über Masken herausgegeben.

◁ *Kunstvolle Masken sind ein schönes Mitbringsel aus der Stadt des Karnevals*

Mode

🛍31 [F6] **Franco Puppato,** San Marco 4723, Calle dei Fabbri. Wenn Mann sich etwas ganz Edles mit nach Hause nehmen möchte, dann lässt er sich bei Franco Puppato, einem der letzten Herrenschneider der Stadt, aus edlem Tuch einen Maßanzug schneidern.

🛍32 [E5] **Hibiscus,** San Polo 1060/1061, Calle dell'Olio. Hier gibt es für Damen Designereinzelstücke und attraktive Accessoires. In dem kleinen Eckladen ist die Auswahl erstaunlich groß, selbst von Stücken in eher unitalienisch großen Größen.

Papier

🛍33 [E6] **Alberto Valese-Ebrû,** San Marco 3471, Campo S. Stefano. Ein netter, distinguierter Herr, der gerne über seine Kunst redet und berühmt ist für seine Papierwaren. Schönes marmoriertes Papier und alles, was man damit verzieren kann, auch marmorierter Stoff.

🛍34 [D4] **Cartavenezia,** Santa Croce 2125, hinter dem Campo S. Maria Mater Domini. Junge Papierkunst, die fast zu

EXTRATIPP — Handgedruckte Erinnerung

Ein schönes Souvenir sind die handgedruckten Visitenkarten oder das Briefpapier des letzten Druckers der Stadt: Die Werkstatt Gianni Bassos und seines Sohnes, die voller halbautomatischer, historischer Maschinen steht und deren Schubladen überquellen von blitzenden Lettern, ist von außen kaum zu entdecken. Hier lassen viele Promis drucken.

🛍38 [G3] **Gianni Basso, Stampatore a Venezia,** Cannaregio 5306, Calle del Fumo

EXTRATIPP — Im Gewürzparadies

Ein Paradies für Augen und Nase ist die Drogheria Mascari. Hier gibt es Gewürze noch offen und grammweise zu kaufen. Berge von ungewöhnlichen Spezereien, Pilzen, Tee oder kandierten Früchten verführen zu Spontankäufen. Hier, wo kein Quadratmillimeter Raum ohne farbenfrohe Auslage gelassen wird, kauft man noch in einer „Drogerie" alter Prägung.

🛍39 [F4] **Drogheria Mascari,** San Polo 380/381, Ruga dei Spezieri, direkt zwischen Rialtobrücke und Fischmarkt gelegen

kostbar ist, um sie zu berühren. Was die jungen, mit traditionellen Techniken arbeitenden Künstler schaffen, fällt aus dem Rahmen.

🛍35 [D2] **Codex,** Cannaregio 2778, Fondamenta degli Ormesini. In seinem kleinen Atelier-Laden verkauft der brasilianische Architekt japanischer Herkunft Nelson Kakashiro Kishi japanisch anmutende Holzschnitte, Radierungen und Federzeichnung von Venedig. Drucke und Originale. Zauberhafte Kunst.

🛍36 [E4] **Grafiche ellemme,** Santa Croce 2173, direkt am Campo S. Maria Mater Domini. Inmitten der Druckmaschinen verkaufen die jungen Besitzer ihre Produkte: sehr schöne Kunstpostkarten von Venedig, die aus dem üblichen Ansichtskarten-Rahmen fallen, oder Exlibris.

Perlen

🛍37 [E6] **Perle e dintorni,** San Marco 3740, Calle della Mandola. Ein Schatzkästchen an Perlen in allen Variationen. Und vor den Augen der Käufer werden daraus individuelle, fantasiereiche Ketten. Gute Beratung!

Auf ins Vergnügen
Venedig für Kauflustige

40 [I6] **Muranero,** Castello 3545, Salizada del Pignater. Zugegeben, eine ungewöhnliche Kombination: Ein Afrikaner kreiert wunderbaren Schmuck aus Murano-Glas. Der Senegalese Niang Moulaye hat seine Lehre auf Murano gemacht und ist einer der wenigen, die sich mit ihren eigenwilligen, modernen Designs in der Stadt des Glases niedergelassen haben.

Schuhe

41 [C3] **Calzature Alessandro Zanon,** Cannaregio 232, Lista di Spagna. In dem großen Laden unweit des Bahnhofs finden sich viele klassische und tragbare Modelle für Mann und Frau jeden Alters.

42 [F6] **Daniela Ghezzo,** San Marco 4365, Calle dei Fuseri unweit der Ponte dei Fuseri. Direkt in der alten Werkstatt des bekannten Schuhmachers Rolando Segalin wirkt die junge Daniela Ghezzo mit ihren Kolleginnen. Sie trat in die riesengroßen Fußstapfen des Meisters, bei dem sie ihr Handwerk erlernt hat. Die wildesten Schuhfantasien werden unter ihrer Hand Wirklichkeit, aber auch klassische Modelle passt sie individuell an. Die Preise sind, wie bei Giovanna Zanella, ebenfalls fantastisch.

43 [G5] **Giovanna Zanella,** Castello 5641, San Lio. Bei Giovanna Zanella gibt es neben extravaganten handgefertigten Schuhen auch eine eigene Modekollektion und Maßanfertigungen. Für Individualisten!

44 [E5] **West End,** San Polo 1395, Campiello dei Meloni. Preisgünstige Angebote, es sind auch große Größen auf Lager.

Schmuck

45 [D5] **Lombardi,** San Polo 2099–2100, am Fuß des Ponte di S. Polo. Große Auswahl zu interessanten Preisen. Die Schaufenster sind mit Silbergegenständen vollgestopft.

46 [F4] **Fullspot,** Cannaregio 5692, Salizzada San Giovanni Grisostomo, nicht weit von Rialto entfernt. Auch Uhren sind Schmuck, vor allem wenn sie so poppig bunt und aus Silikon daherkommen wie dieses Design aus dem Veneto. Kultig!

Spitzen und Stoffe

47 [G7] **Jesurum,** Piazza San Marco 60–61. Seit über 100 Jahren ist Jesurum Inbegriff gestickten Leinens und eleganter Tischwäsche in Italien. Hat auch international einen guten Ruf, was sich natürlich im Preis ausdrückt. Ein Besuch lohnt sich daher vor allem bei Rabattangeboten *(sconti)*.

48 [G7] **Martinuzzi,** Piazza San Marco 67 A. Der älteste Spitzenladen Venedigs, vornehm.

49 [F7] **Venetia Studium,** San Marco 2403, Calle Larga XXII Marzo. Dunkel schimmern Samt und Seide. Die spitz zulaufenden Fortuny-Seidenlampen sind berühmt. Etwas Besonderes sind auch die charakteristischen Knitterschals.

> **EXTRAINFO**
>
> ### Tante Emma oder Supermercato?
> Supermärkte *(supermercati)* sind in Venedig schwer zu finden, da sie sich ohne Leuchtreklame hinter unscheinbaren Fassaden verstecken. Doch es gibt in jedem Viertel welche. Dabei kauft man in Venedig aber eigentlich noch in **Tante-Emma-Läden** ein. Es gibt gut sortierte, winzige Geschäfte in jedem Stadtbezirk, die bis unter die Decke vollgestopft sind – aber leider immer seltener werden.

Auf ins Vergnügen
Venedig für Genießer

Venedig für Genießer

In Venedig isst man in der Regel teuer. Doch: Die venezianische Küche ist sehr gut, wenn man zwischen all den Touristenlokalen die wirklich guten und gediegenen Restaurants und Bàcari herausfindet.

Die venezianische Küche

Für das Abendessen und vor allem am Wochenende sollte man auf jeden Fall **reservieren**, denn sonst kann es passieren, dass man nirgends etwas bekommt und schließlich hungrig ins Bett geht oder doch in einer „Touristenfalle" landet.

Wenn es ums Essen geht, so muss man wissen, dass die Italiener andere **Essgewohnheiten** haben als die in den Ländern nördlich der Alpen üblichen. Wichtig dabei ist, dass das **Frühstück** in Italien keinen Stellenwert hat und eher ärmlich ausfällt. Die **Hauptmahlzeit** wird in der Regel **abends** eingenommen. Wenn man in ein Lokal zum Essen geht, gehört es sich einfach, ein ganzes **Menü** zu ordern. Es beginnt in der Regel mit dem *antipasto*, einer kalten Vorspeise, und geht

Kleine Häppchen für ein schnelles Mittagessen – dafür ist Venedig bekannt

Auf ins Vergnügen
Venedig für Genießer

über das *primo,* die warme Vorspeise, die häufig aus Nudeln besteht, zum *secondo.* Dies ist der Hauptgang, ein Fleisch- oder Fischgericht. Dazu müssen *contorni,* Beilagen wie Gemüse, Salat, Polenta oder Kartoffeln, bestellt werden, denn in Italien werden Beilagen nicht automatisch serviert. Dann folgen das *dolce,* das Dessert, und der *caffè.* Es wird nicht gerne gesehen, wenn man nur ein Nudelgericht oder nur einen Hauptgang bestellt. Wer weniger essen will, sollte Pizzerien aufsuchen, die in der Regel auch Fleisch- und Nudelgerichte anbieten. Hier geht es lockerer zu.

Möchte man mittags günstig essen, sei auf die **Bàcari** oder die zahlreichen **Bars** verwiesen, in denen *tramezzini* und *panini,* knusprige, fantasievoll belegte Brötchen, angeboten werden. In den Bàcari kann man sich am Tresen die kleinen, typisch venezianischen Spezialitäten *(cicchetti)* aussuchen und schon ab 5 € satt werden. Insbesondere das **Tramezzino** ist für den Hunger zwischendurch

> **EXTRAINFO**
> **Infos zum Essengehen**
> Venezianer nehmen ihr Mittagessen meist **im Stehen** in einer Bar oder einem Bàcari ein. Man sollte bedenken, dass das Essen oder Kaffeetrinken im Sitzen (wenn es Sitz- und Stehmöglichkeiten gibt) teurer ist als im Stehen.
>
> Und: In Italien sind zu den Preisen der Gerichte und Getränke in der Regel noch Kosten für das **Gedeck** *(coperto)* und die **Bedienung** *(servizio)* hinzuzurechnen. Das kann unterschiedlich gehandhabt werden. Manchmal heißt es *coperto & servizio incluso,* manchmal ist nur *servizio* inbegriffen. Das Gedeck geht fast immer extra, wobei durchaus 1 bis 5 € pro Person verlangt werden. Die Bedienung wird in der Regel prozentual berechnet. Es sind bis zu zwölf Prozent des Verzehrpreises üblich.

> **EXTRAINFO**
> **Achtung: Geschlossen!**
> Wichtig zu wissen: Viele Lokale und Bars sind **am Sonntag geschlossen,** denn der Tag gehört der Familie und da kocht *la mamma.* Zudem ist es in den **Hochsommermonaten** nicht einfach, geöffnete Lokale zu finden, denn in dieser Zeit macht fast ganz Venedig „Jahresurlaub".
>
> Die **Ruhetage** der Lokale gelten meist nur in der Wintersaison. Im Sommer wird mit ihnen großzügiger umgegangen. Ebenso wird früher am Morgen angefangen und später am Abend aufgehört, d. h., die jeweils angegebenen Öffnungszeiten sind sehr dehnbar.

zu empfehlen, ein typisch venezianisches Weißbrotdreieck, das von seinen Füllungen lebt.

In der traditionellen venezianischen Küche bestimmen **Fische und Meeresfrüchte** die Speisekarte. Sehr verbreitet sind Nudelgerichte mit allerlei Soßen aus Meeresfrüchten und kalte Meeresfrüchtevorspeisen. Ganz speziell sind die venezianischen *Sarde in Saor,* sauer eingelegte Sardinen mit viel Zwiebeln und Pinienkernen. Doch auch die **Fleischliebhaber** kommen auf ihre Kosten. Die bekannteste venezianische Spezialität ist *Fegato alla Veneziana,* in viel gutem Öl gebratene Leber mit Zwiebelringen.

Zum Nachtisch gönnen sich die Venezianer gerne einen *Sgroppino,* eine Art Zitronensorbet mit Wodka und Prosecco, der im Sektglas eiskalt serviert wird. Beim **Dessert,** auf

Auf ins Vergnügen
Venedig für Genießer

EXTRATIPPS

Vegetarisch genießen
Rein vegetarische Lokale findet man in Venedig nicht. Aber das heißt nicht, dass Vegetarier darben müssten, im Gegenteil: Viele Nudelgerichte sind fleischlos und die gibt es überall. Wer Fisch verzehrt, wird in den venezianischen Lokalen sowieso glücklich, und im ehemals rein vegetarischen Lokal **Alla Zucca** (s. S. 32) dominiert immer noch die Fleischlosigkeit in fantasievollen Variationen. Voll auf ihre Kosten kommen Vegetarier in den **Bàcari** (s. S. 27) bei den typischen venezianischen Häppchen, den *cicchetti,* die zum Großteil fleischlos sind.

Dinner for one
Wer alleine unterwegs ist, hat in Venedig keine Probleme. Man fühlt sich in jedem Lokal wohl. Besonders empfehlenswert: **Enoteca Al Prosecco** (s. S. 25) oder **Serra dei Giardini** (s. S. 28), hier lenkt die Umgebung vom Alleinsein ab. Die Lokale **Alle Testiere** (s. S. 31) oder **Osteria Al Sacro e Profano** (s. S. 29) sind so winzig, dass man gar nicht alleine sein kann …

Für den späten Hunger
Wer spätabends noch Hunger hat, dem sei **Pizza Al Volo** empfohlen. Wenn alle anderen Lokale schon geschlossen sind, gibt es hier noch wunderbare Pizzen auf die Hand.
🟠**50** [C6] **Pizza Al Volo,** Dorsoduro 2944, mitten am Campo Santa Margherita

Lokale mit guter Aussicht
Neben gutem Essen locken sie auch noch mit einer besonders schönen Aussicht: **Bar Algiubagiò** (s. S. 26), **Taverna del Campiello Remer** (s. S. 27), **Eno-Ostaria al Timon** (s. S. 31), **Gelateria da Nico** (s. S. 35) oder **Figli delle stelle** (s. S. 33).

das in der Regel in venezianischen Restaurants nur wenig Wert gelegt wird, herrscht ansonsten trockenes Gebäck vor, das man in Dessertweine oder Kaffee tunkt: *Baícoli,* dünne, zwiebackähnliche Scheibchen leicht süßer, staubtrockener Kekse zum Beispiel, oder *Bussolài,* etwas massivere Kekskringel mit leichtem Anisgeschmack, die ursprünglich von der Insel Burano kommen.

Getränke

In den Bars und *Bàcari* der Stadt werden traditionell **Weine** aus dem venezianischen Hinterland, von den Euganeischen Hügeln oder aus dem Friaul ausgeschenkt: Tocai Friulano, Pinot Bianco (Weißer Burgunder), Chardonnay, Verduzzo oder Sauvignon sind verbreitete Weißwein-Rebsorten. Bei den Roten finden sich häufig Cabernet Franc, Raboso, Merlot oder Pinot Nero. Ganz speziell ist auch Fragolino, ein aus der Erdbeertraube gewonnener, sehr süßer roter Wein.

KURZ & KNAPP

Ohne Spritz geht nix
Venezianer trinken zu jeder Tageszeit einen **Spritz,** eine ihrer typischen Spezialitäten, die sie von den Österreichern übernommen haben: Ein Gespritzter (Weinschorle) wurde bei ihnen *uno spritz,* ein **Aperitif aus Weißwein, Soda und Bitter,** der mit einer Olive oder einem Stück Orange serviert wird. Beim Bestellen muss man sich fast schon als Eingeweihter beweisen, denn Spritz gibt es mit Campari, Apérol oder Sélect: „uno spritz all'Apérol" oder für Campari „uno spritz al Bitter" lautet die Devise.

Auf ins Vergnügen
Venedig für Genießer

Ein Wein aus dem Veneto ist auch nördlich der Alpen als Modegetränk in aller Munde: **Prosecco.** Im Gegensatz zu den Nordeuropäern trinken ihn die Venezianer auch ohne Kohlensäure: *Prosecco spento* (ausgelöschter Prosecco) nennt sich der frische, leichte Weißwein.

Enotheken

Der Übergang von Bar zu Osteria und Enothek (Weinlokal) ist in Venedig fließend. Guten Wein gibt es eigentlich in jeder Bar. An dieser Stelle ein paar Tipps für besondere Weinlokale in Venedig.

- **51** [H6] **Aciugheta Enoteca,** Castello 4357, Campo S. Filippo e Giacomo, www.aciugheta-hotelrio.it. Neues Designerinterieur mit altbekannter Qualität: gute Weine und venezianische Kleinigkeiten, ungewöhnlich großes Dessertangebot. Das sucht in Venedig seinesgleichen.
- **52** [C8] **Al Bottegon,** Dorsoduro 992, Fondamenta Nani, Sonntagnachmittag geschl. Stadtbekannt und besonders bei Einheimischen beliebt. Hier servieren zwei Generationen Wein und kleine belegte Brötchen.
- **53** [D4] **Enoteca Al Prosecco,** S. Croce 1675, Campo San Giacomo dell'Orio, So. geschl., www.alprosecco.com. Das Weinlokal mit dem herrlichsten Blick auf einen der schönsten Plätze Venedigs. *Cicchetti,* kleine, nach Wunsch raffiniert belegte Brötchen oder herrliche Arrangements mit Käse oder kalten, ausgewählten Fleisch- und Fischsorten, erfreuen hier nach einem anstrengenden Venedigrundgang die Gaumen der Gäste. Die Enoteca besticht mit einer ungewöhnlichen Weinauswahl von über 400 Sorten und der raffiniertesten Käseauswahl der ganzen Stadt. Samstags gibt es auch Austern.

Bars

Eine Bar in Italien, insbesondere in Venedig, ist nicht zu vergleichen mit dem, was man im deutschen Sprachgebrauch als Bar bezeichnet. In eine Bar geht man vom Frühstück bis zum Absacker, dort isst man kleine Pizzen, belegte Brötchen und „Cicchetti", mittags vielleicht sogar einen Teller Nudeln oder Tagesgerichte. Und man trinkt vom Espresso über den frischgepressten Obstsaft bis zum Bier und edelsten Wein alle möglichen Getränke. Cocktails und Glamour jedoch findet man hier kaum.

Tramezzini, typisch venezianische Weißbrotdreiecke mit üppiger Füllung, sind kleine, köstliche Snacks

Cannaregio

❼54 [G3] **Bar Algiubagiò,** Cannaregio 5039, an der Vaporetto-Station „Fondamente Nuove", www.algiubagio.net, im Winter So. geschl. Neben Snacks gibt es in diesem ehemaligen Bootshaus auch kleine Gerichte. Der Blick auf die Lagune von den Tischen am Ufer ist einmalig. Eigentlich müsste Algiubagiò auch in der Rubrik „Restaurants" aufgeführt werden, denn im Hinterzimmer und auf der Terrasse werden köstliche Diners und Weine serviert.

❼55 [F4] **El Sbarlefo,** Cannaregio 4556 C, Salizzada di Pistor. Modern-venezianisches Outfit, sehr nette Bedienung, ungewöhnliche Häppchen und guter Wein. Im Sommer Tische draußen.

❼56 [D2] **Hostaria del Ghetto,** Cannaregio 2873/C, Campo del Ghetto Nuovo, www.hostariadelghetto.com. Nicht nur Bar, auch Restaurant. Zertifiziert koscher. Direkt am Hauptplatz des Ghetto gelegen und mit schönen Sitzplätzen in einem Innenhof.

San Polo

❼57 [D5] **Bar ai Nomboli,** San Polo 2717 C, Calle dei Nomboli, unweit Campo San Polo, Sa.nachmittag und So. geschl. Im Paradies der belegten Brötchen und *tramezzini* schlechthin stehen Francesco und Mirella Favaro hinter der Theke. Das Paar macht jedes seiner fantasievoll belegten Brötchen mit den lustigen Namen auf Bestellung frisch. Sie quellen von raffinierten Zutaten geradezu über. Im Sommer stehen Tische vorm Lokal.

❼58 [F4] **Osteria All'Arco,** San Polo 436, Calle de l'Ochialer, kurz vor der Rialtobrücke, parallel zur Ruga vecchia S. Giovanni, von der aus man durch einen Durchgang gehen muss, So. geschlossen. Hier werden herrliche *crostini* (geröstete Brotscheiben) mit angemachtem Frischkäse, eingelegten Pilzen und Trüffelöl serviert.

❼59 [F4] **Pronto Pesce,** San Polo 319, Pescheria Rialto, www.prontopesce.it, So. u. Mo. geschl. In einem ehemaligen Fischladen hat sich seit Kurzem eine Bar etabliert, in der es nur Fischiges und exquisiten Wein gibt. Kleine warme und kalte Gerichte und ungewöhnliche Häppchen rund um die Hauptzutat Fisch. Modernes Ambiente, Samstagmittag wird frisches Fischrisotto serviert.

Dorsoduro

❼60 [D8] **Bar da Gino,** Dorsoduro 853 A, Piscina del Forner, So. geschl. Unaufgeregt traditionelle Bar, die nicht viel Wert auf Ambiente legt, mit reellen Preisen. Die Wände hängen voller Fußballdevotionalien, im Eck läuft auf TV immer ein Spiel live. Unüblicherweise kein Preisunterschied zwischen Sitzen und Stehen.

❼61 [C7] **Bar Toletta,** Dorsoduro 1191, Calle della Toletta. Die *tramezzini* sind zum Überquellen voll, fast doppelt so dick wie andernorts, und haben wunderbare Füllungen – hervorragendes Preis-Leistungs-Verhältnis!

Giudecca

❼62 [C9] **Snack Bar Palanca,** Giudecca 448, gleich links von der Haltestelle „Palanca", So. geschl. Mittags werden hier einfache, aber schmackhafte kleine Gerichte serviert. Der richtige Ort für ein kleines Mittagessen am Ufer des Canale della Giudecca.

▷ *In Bàcari, gemütlichen Bars oder Lokalen, kann man sich am Tresen kleine, typisch venezianische Spezialitäten („cicchetti") aussuchen*

Einfache Lokale und Bàcari

Etwas typisch Venezianisches sind „Bàcari", Weinschenken, deren Name sicher vom Weingott Bacchus kommt. In Bàcari treffen sich die Einheimischen und trinken ihre kleinen Gläschen Wein und schnabulieren die typischen venezianischen Häppchen, die sogenannten „cicchetti/cicheti". Hier gibt es oft keine Sitzgelegenheit.

Cicchetti ersetzen ein Mittagessen (und werden in der Regel auch nur zur Mittagszeit, abends höchstens zum Aperitif serviert). Die Auswahl ist riesig, der Fantasie der Köche sind keine Grenzen gesetzt: Kleine Fleisch- oder Fischklößchen, die sogenannten *polpettine,* frisch frittierte Fischchen oder ausgebackenes Gemüse isst man – meist ohne Gabel – auf Zahnstocher gespießt. *Sarde in saor* sind eingelegte Sardinen, die in einer Marinade aus Zwiebeln, Olivenöl, Essig, Lorbeerblättern, Rosinen und Pinienkernen schwimmen. Ganz sicher werden auch kleine Häppchen mit *baccalà mantecato,* angemachtem Stockfisch, oder *fondi di carciofi,* gebratene Artischockenböden, frittierte Oliven oder kleine, eckige Stückchen goldgelber Polenta serviert. Ein typischer Snack ist auch das **Tramezzino,** dreieckig geschnittene Weißbrotscheiben, die von fantasievollen Füllungen überquellen.

Cannaregio

❶63 [F3] **Osteria ai Osti,** Cannaregio 3849, Corte dei Pali già Testori, Tel. 041 5207993, geöffnet: 9.30 bis 20, So. geschl. Keine zehn Schritte von der breiten Strada Nova entfernt und trotzdem verirren sich kaum Touristen in diese einfache, hauptsächlich von Venezianern besuchte Kneipe. Hier isst man Hausmannskost und günstige *cicchetti.* Täglich wechselndes Angebot.

❶64 [F4] **Taverna del Campiello Remer,** Cannaregio 5701, Campiello del Remer, Tel. 041 5223789, geöffnet: 10.30 bis 15.30, 17.30 bis 1, geschl.: Sonntag mittags und Mittwoch. Zu dieser urigen

Auf ins Vergnügen
Venedig für Genießer

Taverne findet man nicht zufällig, nach ihr muss man suchen. Schräg gegenüber der Kirche San Giovanni Crisostomo führt, neben dem Restaurant Fiaschetteria Toscana, eine dunkle Stichgasse zum Canal Grande. Vom byzantinischen Campiello del Remer aus hat man einen herrlichen Blick auf die Rialtobrücke und den Markt gegenüber. Angenehm venezianische Speisenkarte und Mittagsbüfett als „Business-Lunch" mit Wein, Wasser und Kaffee.

Castello

65 [L8] **Serra dei Giardini,** Castello 1254, Viale Giuseppe Garibaldi, Tel. 041 2960360, kein Ruhetag. Lokal, Café, Gewächshaus? Alles das, aber v. a. etwas ganz besonderes in Venedigs Gastroszene: Eine grüne Idylle zum Entspannen und Genießen von kleinen Gerichten und Kuchen!

66 [G5] **Osteria Al Portego,** Castello 6015, zwischen Campo San Lio und Campo S. Marina, Tel. 041 5229038, Mo.–Sa. 10.30–15 u. 18–21.30 Uhr, So. 18–21.30 Uhr. In erster Linie Barbetrieb mit allerlei Fisch- und Fleichköstlichkeiten sowie günstigem offenen Wein. Service auch an Tischen, das Tagesangebot steht auf der Tafel.

67 [H5] **Osteria alla Staffa,** Castello 6398, Calle dell'Ospedaletto, Tel. 041 5239160, So. geschl. Mittags essen hier die Handwerker der Umgebung an blanken Holztischen mit Papiertischdecken. Nur wenige Tische und keine Speisenkarte, aber der Wirt spricht Englisch.

San Marco

68 [E6] **Bàcaro Da Fiore,** San Marco 3461, Calle delle Bottheghe, bei Santo Stefano, www.dafiore.it, Tel. 041 5235310, Mi. geschl. In der Bar der Trattoria Da Fiore gibt es köstliche Kleinigkeiten, warm und kalt, frittiert und gebraten, in Essig und Öl …

69 [F5] **Trattoria Antico Calice,** San Marco 5228, Calle dei Stagneri, Tel. 041 5209775, www.ristorantivenezia.net/anticocalice.htm, tägl. 12–15 u. 19–23 Uhr. Eine nette Alternative zu den Touristenlokalen an der Rialtobrücke. Vom Campo San Bartolomeo an der Rialtobrücke kommend, biegt man in die Gasse, die beim Disney-Shop abgeht. Dort rechts ums Eck und man steht vor dem Lokal. An der Theke im Stehen gibt es Wein, Spritz (s. S. 24) und venezianisches Fingerfood. An den Tischen werden v. a. örtliche Spezialitäten wie *Sarde in Saor* oder *Fegato alla veneziana* serviert.

70 [G5] **Rosticceria San Bartolomeo,** San Marco 5424, Sottoportego della Bissa (vom Campo San Bartolomeo unter dem Durchgang durch), Tel. 041

> **EXTRAINFO**
>
> ### Zu Gast bei den Brunettis
>
> „Bei den Brunettis zu Gast" heißt das Buch (erschienen im Diogenes Verlag), in dem **Roberta Pianaro**, die langjährige venezianische Freundin von Donna Leon, ihre erprobten Gerichte vorstellt – so wie Commissario Brunetti und seine Familie sie in Donna Leons Romanen auch verzehren. „Mangia, mangia, ti fa bene" – „iss, das tut dir gut", hatte Donna Leon seit dem Beginn ihres Venedigaufenthalts immer gehört. Dass Essen guttun kann, lassen die typischen und gut nachkochbaren Rezepte erahnen. Den Rezepten ihrer Freundin hat Donna Leon kulinarische Geschichten hinzugesellt. Wer also *Sarde in Saor, Fegato con Polenta* oder *Seppie nere in umido* so gut findet, dass er die Gerichte nach dem Genuss in Venedig auch zu Hause kochen möchte, kann sich von „den Brunettis" inspirieren lassen.

5223569, Di.–So. 9–21.30 Uhr. Ein Self-Service-Lokal mit sehr gutem Essen: Fisch und Fleisch, wunderbare Risotti, Gnocchi, Nudelgerichte für 6 bis 7 €, auch viel ganz frisch Frittiertes wird hier angeboten. Etwas kühles Ambiente, aber die Preise für Steh- und Sitzplätze sind gleich – falls man denn einen freien Platz findet!

San Polo/Rund um Rialto

❶71 [E4] **Cantina Do Spade,** San Polo 859/860, Calle Do Spade, Tel. 041 5210583, 9–15 u. 17–23 Uhr, Montag geschl. Man glaubt es kaum, aber in unmittelbarer Nähe des Rialto-Markts kann man sogar ein ruhiges Eckchen finden. Wegen der Nähe zum Fischmarkt dominiert Fisch das Angebot, Fleischliebhaber und Vegetarier müssen aber nicht hungern. Hier treffen sich mittags viele Einheimische, ein gutes Zeichen für Qualität und moderate Preise. Keine Kreditkarten.

❶72 [F5] **Osteria Al Sacro e Profano,** San Polo 502 („Rialto vecchio o Povangon" steht auf den Straßenschildern vor Ort, aber nicht auf den Stadtplänen), Tel. 041 5237924, 11.30–13 und 18.30–1 Uhr, Mi. geschlossen. Das winzige Lokal mit seinen sechs kleinen Tischen liegt versteckt in der zweiten Reihe parallel zu den überdachten Arkaden, die von der Rialtobrücke zum Markt führen. Täglich wechselndes, kreatives Angebot.

❶73 [F4] **Osteria Cicchetteria Al Pesador,** San Polo 125/126, Campo San Giacometto (am großen, freien Platz hinter den Marktständen, die direkt in der Verlängerung der Rialtobrücke stehen), www.alpesador.it, Tel. 041 5239492, Mo. meist geschlossen. Links Barthekenbetrieb mit *cicchetti* für einen schnellen Drink im Stehen, rechts und oben Tische zum Sitzen – im Sommer Logenplatz am Kanal! Moderne, einfallsreiche sowie traditionell venezianische Küche. Das Al Pesador überzeugt von den Lokalen, die sich in letzter Zeit hier aufgereiht haben, am meisten.

Dorsoduro

❶74 [C7] **Casin dei Nobili,** Dorsoduro 2765, Sottoportego del Casin dei Nobili, direkt nach dem Durchgang beim Campo San Barnaba Richtung Accademia, Tel. 041 2411841, Di.–So. 12–23 Uhr. Rustikaler, aber ansprechender Gastraum mit hübschem, auch im Winter geöffnetem und beheiztem Innenhof. Es gibt auch Pizza. In diesem unprätentiösen Lokal ist immer viel los. Unbedingt reservieren!

❶75 [B7] **Da Codroma,** Dorsoduro 2540, beim Ponte del Soccorso, Tel. 041 524 6789, www.osteriadacodroma.it, Mo.–Do. 10–20, Fr. u. Sa. 10–23 Uhr. Eine Institution in Venedig! Das gemütliche, rustikale Lokal überzeugt seit Jahrzehnten durch Qualität.

Giudecca

❶76 [C10] **Food & Art, Self Service, Mensa Interaziendale,** Giudecca 554, Campazzo di Dentro, von der Haltestelle Palanca die erste Gasse, die links inselauswärts führt, bis zum Ende gehen und dort dann am Wasser rechts zum Platz gehen, Tel. 041 2411413, tägl. 11.45–14.30 Uhr. Ein großes Segel weist auf das einfache Lokal hin. Leider sind die Wege dorthin auf einigen Landkarten nicht korrekt verzeichnet. Food & Art war früher eine Kantine der Werftarbeiter und wird heute noch vor allem von Arbeitern und Einheimischen besucht. Gekocht wird wie bei Mamma. Salatbüfett, Nudelvorspeise, Hauptgang mit Beilagen, Wasser und Wein zum Einheitspreis von rund 12 € bei Selbstbedienung. Das Preis-Leistungs-Verhältnis ist hier hervorragend. Die Rechnung gibt's erst nach dem Essen.

Auf ins Vergnügen
Venedig für Genießer

Restaurants

In Venedig gibt es unzählige Restaurants aller Preisklassen. Der Schwerpunkt der folgenden Auswahl wurde auf ortstypische Küche gelegt. Es ist angeraten, für das Abendessen rechtzeitig einen Tisch zu reservieren, am besten am Tag zuvor.

Cannaregio

77 [F4] **Fiaschetteria Toscana** €€€€, Cannaregio 5719, Tel. 041 5285281, www.fiaschetteriatoscana.it, 12.30–14.30 u. 19.30–22.30 Uhr, Di. u. Mi.mittag geschl. Nicht weit von der Rialtobrücke entfernt liegt dieses edle Lokal. Wer sehr gut essen und dabei tief in den Geldbeutel greifen möchte, ist hier richtig. Während sich viele Restaurants in Venedig mit Desserts schwertun, kann man hier in süßen Träumen schwelgen. Und der Käsewagen sucht seinesgleichen: Es werden Sorten serviert, die bis zu zehn Jahre alt sind.

78 [F4] **Trattoria Da Bepi** €, Cannaregio 4550, Salizzada del Pistor, Tel. 041 5285031, 11.30–15 u. 18–23 Uhr, Do. geschl. Unweit der Strada Nova sehr zentral neben der Kirche Santi Apostoli gelegen, wird hier venezianische Hausmannskost bester Qualität serviert. Im Sommer stehen Tische auf der Calle.

79 [D1] **Osteria Ai quaranta ladroni** €€, Cannaregio 3253, Fondamenta della Sensa, Tel. 041 715736, mittags und abends geöffnet, Mo. geschl. Die Venezianer sagen, bei den „40 Räubern" gebe es den besten frittierten Fisch *(fritto misto)*. Venezianisches Ambiente mit Papiertischdecken und günstigem Hauswein, ein paar Tische stehen auch am Kanal. Hinterm Haus liegt ein großer Garten.

An den Zattere ❸❺ gibt es einige Lokale mit Ponton-Terrassen auf dem Kanal, schöner Ausblick inklusive

Auf ins Vergnügen
Venedig für Genießer

80 [D1] **Osteria Anice Stellato** €, Cannaregio 3272, Fondamenta della Sensa, Tel. 041 720744, Mi.–So. 9.30–15.30 u. 18.30–23.30 Uhr. Der Name des sehr malerisch am Kanal gelegenen Lokals kommt vom Gewürz Sternanis und ist ein Hinweis darauf, dass hier gerne mit Gewürzen experimentiert wird. Venezianisch-kreative Küche.

81 [G4] **Osteria da Alberto** €, Cannaregio 5401, in der Calle Giacinto Gallina, Tel. 041 5238153, Mo.–Sa. 10.30–15 u. 18.30–23 Uhr. Ein Klassiker. Unweit der Kirche Santi Giovanni e Paolo wird in rustikaler Atmosphäre typisch venezianische Küche serviert.

82 [D2] **Eno-Ostaria al Timon** €€, Cannaregio 2753, Fondamenta degli Ormesini, Tel. 041 5246066, 11–1 Uhr, Mi. mittags geschl. Direkt am Kanal gelegen. Sei es nur ein Drink, ein Brötchen oder gar ein ganzes Menü, alles ist empfehlenswert. Raffinierte Gerichte und gute Weinempfehlungen sowie Tagesgerichte.

83 [B2] **Trattoria dalla Marisa** €, Cannaregio 652, Fondamenta San Giobbe, direkt am Canale di Cannaregio, Tel. 041 720211, Mo., Mi. und So. nur mittags. So originell wie original. Es gibt mittags nur ein fixes Menü mit Getränk und Kaffee zu einem sehr günstigen Preis. Abends unbedingt langfristig reservieren. Leider kein Geheimtipp mehr. Super

Preiskategorien Restaurants

Durchschnittlicher Preis für ein (mind. zweigängiges) Abendessen mit Beilagen inkl. Getränk für zwei Personen:

€	bis 60 €
€€	bis 90 €
€€€	bis 120 €
€€€€	über 120 €

Smoker's Guide

Das Rauchen ist in Italien in Cafés und Restaurants (sowie in öffentlichen Gebäuden und Zügen) **strikt verboten.** Erstaunlicherweise halten sich die Lokalbesitzer auch daran. Das liegt an den **hohen Strafen,** die sie bei Nichtbeachtung zahlen müssen. Allerdings darf man vor den Kneipen rauchen, was dazu führt, dass Szenekneipen – besonders im Sommer – ihren Betrieb fast ganz vor die Tür verlegen. Dann aber mit Plastikbechern.

Preis-Leistungs-Verhältnis. Man kann auch am Ufer des Kanals sitzen.

84 [H3] **Da Alvise** €, Cannaregio 5045/A, Fondamente Nove, gleich rechts von Calle del Fumo, Tel. 041 5201515, www.daalvise.com, kein Ruhetag. Wunderbarer Blick auf die Friedhofsinsel, man sitzt auf einem Ponton im Wasser oder an Land hinter den großen Scheiben. Vielseitige Speisenkarte, auch Pizza.

Castello

85 [G5] **Alle Testiere** €€, Castello 5801, Calle del Mondo Novo, Tel. 041 5227220, www.osterialletestiere.it, So. u. Mo. geschl. Etwas versteckt gelegenes, winziges Lokal mit einer ungewöhnlichen, teils gewagten, aber sehr guten Küche. Hier wird nur Fisch serviert.

86 [L8] **Hostaria da Franz** €€€, Castello 754, Fondamenta S. Isepo, Tel. 041 5220861, www.hostariadafranz.com. Etwas abgelegenes Fischlokal mit langer Tradition unweit des Biennale-Geländes, das sich gerne mit den Namen von Berühmtheiten schmückt, die dort zu Gast waren. Man kann lauschig am Kanal sitzen. Manche sagen, hier gebe es die beste Fischküche der Stadt.

Auf ins Vergnügen
Venedig für Genießer

San Marco
87 [E6] **Al Bacareto** €€, San Marco 3447, Calle Crosera, Tel. 041 5289336, www.osteriaalbacareto.com, So. geschl. Alteingesessener und seit Jahren unverändert guter Familienbetrieb. Venezianische Spezialitäten in geschichtsträchtiger Umgebung unweit des Palazzo Grassi.

San Polo/Santa Croce
88 [E4] **Al nono risorto** €, Santa Croce 2338, Sottoportico di Siora Bettina, Tel. 041 5241169, Mi. u. Do.mittag geschl. „Beim wiederauferstandenen Opa" sitzt man besonders nett im überwucherten Garten. Große Auswahl an Fisch, Nudelgerichten und sehr gute, große Pizza. Etwas alternativ angehaucht.

89 [D4] **Alla Zucca** €, Santa Croce 1762, gleich hinter dem volkstümlichen Campo San Giacomo dell'Orio am Ponte del Megio gelegen, Tel. 041 5241570, So. geschl. Moderne, einfallsreiche Küche, auch viel Vegetarisches im Angebot. Hier gehen vor allem Venezianer hin, die mal nicht typisch venezianisch essen möchten. Im Sommer stehen ein paar Tische vor der Tür, ziemlich klein und schnell voll.

90 [C3] **Osteria Alba Nova** €, S. Croce 1252, Lista vecchia dei Bari, Tel. 041 5241353, So. geschl. Hier kann man im gemütlich-familiären Ambiente und gemeinsam mit vielen Venezianern, umgeben von zahlreichen Gemälden, bei einem vernünftigem Preis-Leistungs-Verhältnis speisen. Besonders gut: Fischvorspeise.

91 [F5] **Antica Osteria Ruga Rialto** €, San Polo 692, Calle del Sturion, Tel. 041 5211243. Eher gemütliche Osteria denn Restaurant. Hier verbringen junge und junggebliebene Venezianer ihren Abend bei einem Essen zu vernünftigen Preisen. Das Lokal ist eng und voll und kann auch mal lauter werden.

92 [E4] **Vecio Fritoin** €€, Santa Croce 2262, Calle della Regina, nach dem Sottoportego de Siora Bettina, Tel. 041 5222881, www.veciofritolin.it, 12–14.30 u. 19–22.30 Uhr, Mo. u. Di.mittag geschl. Ein Lokal mit langer Tradition und venezianischer, fischdominierter, raffiniert italienischer Küche. Sehr familiäre Atmosphäre. Frittierten Fisch, ganz in der Tradition des Lokalnamens, der für eine alte Fischbraterei steht, kann man für 10 € mittags auch mit nach Hause nehmen.

Dorsoduro
93 [B8] **Ae Oche 2** €, Dorsoduro 1414, Tel. 041 5206601, www.aeoche.com. Im modernen Ambiente in der Tiefe eines alten Palazzos gibt es alles von typisch venezianischen Snacks bis zu guten Pizzas und traditioneller Küche. Unten modern, im 1. Galerie-Stock gemütlich venezianisch, optisch „mal was anderes". Im Sommer kann man unschlagbar schön am Wasser sitzen.

94 [C7] **Ristoteca Oniga** €, Dorsoduro 2852, Tel. 041 5224410, www.oniga.it, Di. geschl. Am kleinen Campo San Barnaba liegt das Lokal versteckt hinter einem grünen Kiosk. Im Sommer schöne Plätze auf dem Campo, im Winter sitzt man leider etwas wie im Aquarium.

95 [A7] **Pane vino e San Daniele** €-€€, Dorsoduro 1722, Campo dell'Angelo Raffaele, direkt hinter der Kirche, www.panevinoesandaniele.net, Tel. 041 5237456, Mi. geschlossen. Angenehm rustikale Atmosphäre, vielseitige Speisenkarte, gutes Preis-Leistungs-Verhältnis. Ein Traum, auf dem großen Platz abseits der Touristenströme zu sitzen.

Giudecca
96 [D10] **L'Altanella** €€, Giudecca 269, Calle delle Erbe, am westlichen Fuß der Eisenbrücke Ponte Longo, Tel. 041

5227780, 12.30–14 u. 19.30–23 Uhr, Mo. u. Di. geschl. Ein unscheinbarer Durchgang (Sottoportego delle Erbe) führt zu dem Lokal, das nicht einmal ein Schild hat. Nur der Vorhang in der Tür verrät den Namen. Hier bekommt man Fisch und Venezianisches. Die Laube auf den Kanal hinaus ist ideal für einen lauschigen Sommerabend.

❶97 [F10] **Figli delle stelle** €€–€€€, Giudecca 70/71, Zitelle, Tel. 0039 340 6894675, www.ifiglidellestelle.it, Do.–Di. 12.30–14.30 und 19–22 Uhr. Unglaublicher Blick von den Tischen am Ufer! Die Küche ist von Venedig, Apulien und Lazio inspiriert, aber in erster Linie von der Fantasie. Dicke Ledersofas zum Relaxen beim Aperitif oder beim Warten auf das Schiff nach gegenüber.

Pizzerien

Mit einer Pizza kann man nicht viel falsch machen. Pizzerien gibt es viele, das Angebot ist meist von guter Qualität.

Castello

❶98 [L8] **Dai Tosi,** Castello 738, Seco Marina, Tel. 041 5237102, Mi. geschl. Ziemlich weit draußen liegt diese empfehlenswerte Pizzeria-Trattoria, die in der Gegend des Biennale-Geländes und auf dem Weg zum Fußballstadion liegt. Hierher verirren sich Touristen nicht sehr oft.

❶99 [J7] **Trattoria-Pizzeria Sottoprova,** Castello 1698, Via Garibaldi, Tel. 041 5206493, Mo. geschl. Die Neonatmosphäre des Lokals ist ein wenig kühl, aber die Pizzen sind sehr gut und draußen sitzt man mit schönem Blick. Viele Einheimische.

San Polo/Santa Croce

❶100 [D4] **Ae Oche,** Santa Croce 1552 A/B, unweit von Campo San Giacomo dell'Orio, Tel. 041 5241161, www.aeoche.com, im Winter Mo. geschl. Hier trifft sich abends die Jugend Venedigs. Aber auch wenn man nicht mehr so ganz jung ist, fühlt man sich im Ae Oche wohl. Die 90 verschiedenen Pizzen haben urige Namen und sind günstig.

❶101 [D4] **Due Colonne,** San Polo 2343, Campo Sant'Agostin, Tel. 041 5240685, So. geschl. Florierender Familienbetrieb, bei den Venezianern beliebt für Pizza mit Pferdefleisch. Im Sommer und bis in den November hinein stehen Tische auf dem Campo, wenn es kälter wird, gibt es ein großes, beheiztes Zelt.

❶102 [E4] **Muro. Pizza e Cucina,** Santa Croce 2048, Campiello dello Spezier, Tel. 041 5241628, www.murovenezia.com, Di. geschl. Der Lokalname kommt nicht von ungefähr: Gestalterisches Element im modern eingerichteten Lokal ist die offene Backsteinmauer. Im Sommer viele Plätze auf dem Campo neben dem Brunnen. Das Lokal ist derzeit bei den Venezianern ziemlich angesagt. Sehr große Pizzen mit fantasievollen Belägen, auch die sonstige Speisekarte kann sich sehen lassen. Große Auswahl an Salaten und Vegetarischem.

❶103 [D4] **Il Refolo,** Santa Croce 1459, Campo San Giacomo dell'Orio, Tel. 041 5240016, Mo. u. Di.mittag geschl. Im Winter hat die winzige Pizzeria nur sechs Tische und daher lange Betriebsferien, im Sommer dehnt sie ihren Gastrobereich bis weit hinter die Kirche San Giacomo dell'Orio aus.

Giudecca

❶104 [C9] **Trattoria Do Mori,** Giudecca 588, Fondamenta Sant' Eufemia, direkt links von der Vaporetto-Haltestelle „Palanca", Tel. 041 5225452, So. geschl., nur per Schiff erreichbar. Pasta, Fisch und abends Pizza. Im Sommer Sitzplätze auf der Fondamenta mit schönem Weitblick auf die Zattere und San Giorgio Maggiore.

Auf ins Vergnügen
Venedig für Genießer

EXTRATIPP

Venezianisch kochen lernen
Warum die venezianischen Spezialitäten nur vor Ort essen? Man kann auch lernen, die Köstlichkeiten aus der Lagunenstadt selbst zuzubereiten. **Maria Grazia Calò** bietet im Rahmen der Initiative „Peccati di Gola" („Sünden für die Kehle") in ihrem Haus **Kochkurse** an. Vorher werden auf dem Rialto-Markt die Zutaten gekauft. Wer möchte, kann auch gleich in ihrem Bed and Breakfast „Ca' del Forno" wohnen.
› Infos: www.peccatidigola.info/Cooking.asp

Kaffeehäuser

Venedig ist die **Wiege der Kaffeehäuser**, schon seit dem Jahr 1638 findet man sie am Markusplatz. Drei Traditionshäuser verbreiten noch heute den Charme längst vergangener Zeiten und servieren nicht nur Kaffee.

○**105** [G7] **Caffè Florian**, Piazza San Marco 56, www.caffeflorian.com, Mi. geschl. Spiegel, Stuck und Fresken geben dem altehrwürdigen Café einen Anstrich des 18. Jh. Man sitzt in kleinen Separees und schlürft einen Espresso für 6 € oder eine heiße Schokolade mit Schlagsahne für 11,50 €, dazu gibt es ein Stück Torte für 13 €. Was kostet die Welt? Wenn man den Espresso in der Bar um die Ecke auch für 0,90 € haben könnte! Und wenn die Musik spielt, dann muss man zusätzlich einen *supplemento musica*, einen Musikzuschlag von 6 € pro Person, bezahlen! WLAN.

○**106** [G6] **Gran Caffè Quadri**, Piazza San Marco 120, www.quadrivenice.com. Steht dem Florian preislich nicht viel nach, aber das Quadri stand schon immer im Schatten des bekannteren Florian.

○**107** [G6] **Caffè Lavena**, Piazza San Marco 133, www.caffelavena.it. Etwas billiger als die beiden großen Schwestern Florian und Quadri. Hier findet man neben Touristen auch Venezianer an der Bar.

Konditoreien

Konditoreien sind eigentlich immer auch Stehkaffees mit süßem – und einem kleinen salzigen – Angebot. Hier nehmen die Venezianer gerne ihr **schnelles Frühstück** ein. Sitzgelegenheiten gibt es kaum.

○**108** [D4] **Bucintoro**, San Polo 2229, Calle del Scaleter, Mo. geschl. Eine der ältesten Konditoreien der Stadt, schon 1745 war an diesem Ort eine Konditorei belegt. Sogar die Gasse ist mit einem venezianischen Begriff nach der Zunft benannt, die früher Süßes herstellte. Hier gibt es sogar Sitzplätze.

○**109** [C3] **Dal Mas**, Cannaregio 150 A, Lista di Spagna, nicht weit vom Bahnhof, Di. geschl. Trotz der Lage an einer Touristenstrecke kehren hier viele Venezianer

Auf ins Vergnügen
Venedig für Genießer

auf einen schnellen Kaffee und ein süßes Teilchen ein.
- 110 [C4] **Gilda Vio,** Santa Croce 784, Ponte Cappello, Fondamenta Rio Marin, Mi. geschl. In dieser einsam gelegenen Konditorei gibt es Träume in Schokolade: Trüffel mit Rum-, Maronen- oder Orangengeschmack.
- 111 [C7] **Tea Room Beatrice,** Dorsoduro 2727/A, Calle Lunga San Barnaba, kein Ruhetag. Einmalig in Venedig. Wer eine Alternative zu Espresso und Latte macchiato sucht, wird in dem japanisch anmutenden Teelokal mit reizendem Garten glücklich. Selbstgebackene Kuchen und kleine Snacks.
- 112 [C6] **Tonolo,** Dorsoduro 3764, Crosera San Pantalon, Mo. geschl. Sehr zu empfehlen: *bignet al caffè*, kleine Windbeutel mit Creme-Füllung. Die *fritelle*, Fettgebackenes zur Karnevalszeit mit Pinienkernen oder Zabaione, sind unbestritten die besten in Venedig. Ähnliches lässt sich vom typisch vorweihnachtlichen Gebäck, der *focaccia*, sagen.

Eisdielen

Man schmeckt es allerorten: Die Nähe Venedigs zu den Quellen der Eismacherkunst, denn in Venetien sind die Eismacher-Schulen Italiens angesiedelt. Daher heißen auch so viele Eisdielen in deutschsprachigen Ländern „Venezia"!
- 113 [G5] **Boutique del Gelato,** Castello 5727, Salizzada San Lio. Steht ganz oben auf der Hitliste der Eisdielen! Die winzige Eisdiele ist am besten an der langen Schlange vor der Tür zu erkennen.
- 114 [C8] **Gelateria da Nico,** Dorsoduro 922, direkt an der Flaniermeile Zattere beim Schiffshalt „Zattere", Do. geschl. Bei Nicos *gianduiotto*, in Schlagsahne ertränktem, gefrorenem Nougat, wird jeder schwach. Die Steigerung dazu heißt *coppa cardinale:* Eine Scheibe Nougateis mit Vanilleeishaube und Schokokruste! Hier kann man schon seit 1937 auf einer Ponton-Terrasse mit Blick auf die Giudecca-Insel über dem Wasser sitzen und selbst im Winter so manchen Sonnentag genießen.
- 115 [C5] **Millevoglie da Tarcisio,** San Polo 3033, Salizada San Rocco. Die Portionen sind riesig und die jungen Leute rund um Chef Tarcisio sehr herzlich.

„Gianduiotto", in Schlagsahne ertränkter Nougat, ist die Spezialität der Gelateria da Nico an den Zattere

Drei historische Kaffeehäuser laden auf dem Markusplatz zum Genießen ein

Auf ins Vergnügen
Venedig am Abend

Venedig am Abend

Nachtleben

Touristen meinen oft, dass in Venedig nach Einbruch der Dunkelheit die Bürgersteige hochgeklappt würden. Man muss schon ganz genau wissen, wo sich was tut, sonst findet man es nicht – besonders in den kälteren Monaten, in denen das Nachtleben nicht im Freien stattfindet.

Es gibt einige Bars, die bis tief in die Nacht geöffnet haben. Einige bieten regelmäßig **Livemusik** und in manchen wird sogar getanzt. Doch der Platz ist, wie so vieles in Venedig, sehr beengt. Richtige Discos gibt es keine. Die Venezianer haben ihre Stammdiscos auf dem platten Land. Im Sommer öffnen auf dem Lido einige Discos, aber das wahre Discoleben spielt sich in Jesolo ab, dem Badeort östlich von Venedig. Auch in Mestre gibt es einige Diskotheken. Das Disco-Wesen in Italien ist eher klubartig über Mitgliedschaft organisiert. Doch das ist im Sommer wegen der vielen Touristen natürlich anders.

Nachtleben findet durchaus auch in den zum Teil sehr trendigen Bars der verschiedenen hochpreisigen Hotels statt. Derzeit gibt es zwei In-Treffpunkte der Venezianer: rund um den **Campo Santa Margherita** [C6] und um den **Campo Bella Vienna** am Rialto-Markt ❷⓻. Seit 2011 gilt Mitternacht als strikt befolgte **Sperrstunde**.

Die **Ruhetage** gelten in der Regel nur für die Wintersaison. Im Sommer sind die Lokale meist täglich geöffnet, zudem wird früher am Morgen angefangen und später in der Nacht aufgehört, d. h., die jeweils gültigen Öffnungszeiten sind sehr dehnbar. Teilweise gibt es gar keine festen Zeiten.

❶**116** [C2] **Bar Al Parlamento**, Cannaregio 511, Fondamenta Savorgnan, ganztägig geöffnet, So. geschl. Die Bar ist tagsüber beliebter Treffpunkt der Studenten aus dem Viertel. Tische am Wasser, die morgens schon in der Sonne stehen. Kleine Gerichte, Pizzen und Salate zu vernünftigen Preisen. Abends häufig Livemusik. Einheimische kommen mit dem Boot direkt vor das Lokal.

❶**117** [F4] **Al Mercà**, San Polo 213, Campo Bella Vienna, 9–15 u. 18–21.30 Uhr, im Sommer auch länger, So. geschl. Hier genießt man herrliche venezianische und friulanische Weine, gerne auch mal einen aus Südtirol, dazu verlockende Minibrötchen. Nur zum Draußenstehen.

❶**118** [C6] **Café Noir**, Dorsoduro 3805, Calle dei Preti/Crosera S. Pantalon, 7–2 Uhr, So. geschl. Nachts tanzt dort der Bär

Nachtleben
Bläulich hervorgehobene Bereiche in den Karten kennzeichnen Treffpunkte des Nachtlebens.

Auf ins Vergnügen
Venedig am Abend

so heftig, dass Dutzende junger Venezianerinnen und Venezianer vor dem Lokal in der engen Gasse stehen müssen. In-Treff.

- **119** [C6] **Caffè Rosso (Il Caffè)**, Dorsoduro 2963, Campo Santa Margherita, 7.30–2 Uhr, So. geschl. Das winzige In-Café mit vielen Freiplätzen ist immer proppevoll.
- **120** [F4] **Caffè Vergnano 1882**, San Polo 129, gleich am Rialto-Markt gelegen, www.caffevergnano1882veneziarialto.com, von morgens bis spät in die Nacht geöffnet. Chillen und Genießen im modernen Design unter den Rundbögen ehemaliger Lagerhäuser. Lesungen und Livejazz.
- **121** [E3] **Dogado Lounge**, Cannaregio 3662, in der Strada Nova, über dem Billa-Supermarkt. Lunch, Dinner and Dance heißt es in der Lounge in der Einkaufsstraße in Cannaregio. Wer möchte, kann schon mittags mit einer Pizza beginnen und dann bei heißer Musik bis tief in die Nacht durchtanzen.
- **122** [C6] **Margaret Duchamp**, Dorsoduro 3019, Campo Santa Margherita, 8–2 Uhr, Di. geschl. Den Venezianern scheint die ein wenig kühle Atmosphäre zu gefallen, es ist ihr Stammlokal. Im Sommer viel Platz draußen auf dem Campo.
- **123** [F4] **Muro. Vino e cucina**, San Polo 222, Campo Bella Vienna, mitten am Rialto-Markt, So. geschl. Hier gehen die Schönen und Wichtigen Venedigs auf einen Drink und ein paar Häppchen. Nachts ist vor dem nur für Liebhaber lauter Musik geeigneten Lokal ein Menschenauflauf.
- **124** [D7] **Piccolo Mondo By El Souk**, Dorsoduro 1056 A, Calle Contarini Corfù, www.piccolomondo.biz, 23–4 Uhr, Mo. und im Januar geschl. Einer der ältesten Nachtklubs Italiens und eine der wenigen Möglichkeiten, wo man in Venedig sich noch spätnachts vergnügen und abtanzen kann. Nicht jeder kommt rein.
- **125** [B9] **Skyline Bar im Molino Stucky Hotel**, Giudecca 810, www.molinostuckyhilton.com, 17–1 Uhr, im Winter Mo. und einige Wochen im Januar geschlossen. Höher kann man seinen Spritz nicht genießen! Von den Terrassen belohnen zum Cocktail atemberaubende Blicke über die Stadt und die Lagune, manchmal gekrönt von Live-Jazz!
- **126** [F6] **Torino@notte**, San Marco 459, Campo San Luca, So./Mo. abends geschl. Tagsüber ist das Torino eine normale Bar, die von vielen Venezianern besucht wird, und wo man zentral gelegen essen und trinken kann. Abends ein beliebter Musik- und Tanz-Treffpunkt. Auch der Platz wird einbezogen.
- **127** [G5] **Zansibar**, Castello 5840, Campo Santa Maria Formosa, am Ufer des Kanals, 8–2 Uhr, im Winter meist bis 22 Uhr, So. geschl. Das Zansibar ist eine Art Kiosk an einem der stimmungsvollsten Plätze der Stadt. Hier gibt es Panini und kleine Snacks, aber vor allem den vermutlich besten Spritz Venedigs und jede Menge gute Stimmung. Kaum Plätze drinnen, draußen um so mehr.

EXTRATIPP

Der kleine grüne Kiosk
Ein Kiosk wird zur Szenekneipe:
Al Chioschetto ist ein kleiner, grüner Kiosk an den Zattere mit kleinen Tischen drum herum und einem herrlichen Blick auf den Giudecca-Kanal. Tagsüber schlürfen hier Mammas neben Studenten ihren Kaffee und knabbern an ihrem *panino*, abends geht die Post ab (7.30–1 Uhr). Mittwochs zittert die Flaniermeile zu Livejazz.
- **128** [B8] **Al Chioschetto**, Zattere, Dorsoduro 1406 A

◁ *Der Markusplatz bei Hochwasser*

Oper, Konzerte und Theater

Oper

Venedig hat eine **lange Operntradition**. 1637 ist hier erstmals in Europa eine Oper für zahlendes Publikum aufgeführt worden. Mehrere Opernhäuser lieferten sich über Jahrhunderte hinweg einen Konkurrenzkampf. 1774 wurde am Campo San Fantin das heutige **Teatro La Fenice** ㉔ erbaut, das seinen Namen 1792 erhielt, nachdem es zwei Mal wie ein Phönix aus der Asche auferstanden war.

› Karten für die Vorstellungen gibt es unter Tel. 041 5210161, an der Theaterkasse oder im Internet. Langfristiger Vorverkauf ist anzuraten (www.teatrolafenice.it oder www.hellovenezia.com).

Konzerte

Es gibt einige venezianische Orchester und Kammermusikgruppen, die sich (gegen relativ hohe Eintrittsgelder) insbesondere der **Barockmusik** widmen. Sie spielen an verschiedenen Orten der Stadt, besonders häufig in Kirchen oder ehemaligen Kirchen. Die **Frari-Kirche** ㉘, größte Kirche Venedigs, wird auch gerne von tourenden Ensembles als Konzertsaal genutzt. Rund um Weihnachten finden hier in sehr eindrucksvoller Umgebung besonders viele Konzerte statt. Auch in der **Scuola Grande di San Rocco** ㉙ (hinter der Frari-Kirche) und der daneben liegenden gleichnamigen Kirche werden Konzerte aufgeführt.

Die örtliche Livemusikszene lebt, auch wenn sie nicht sehr groß ist. Sie bewegt sich vor allem rund um **Reggae und Jazz**. Eine der bekanntesten Lokalbands, die Jazzband SKA-J (www.skaj.it), hält Venedigs Jazzfahne hoch. Infos im Magazin VeNews. Livekonzerte aller Art gibt es im

◎**129** [C7] **Venice Jazz Club,** Dorsoduro 3102, www.venicejazzclub.com, am Gemüseboot bei dem Ponte dei Pugni

Theater und Show

Von Venedigs langer Theatertradition ist recht wenig übriggeblieben. Besonders aktiv war das Theaterleben der Stadt im 18. Jh. **Carlo Goldoni** ist Venedigs bekanntester Theaterautor. „Sein" Theater war das Teatro San Luca, heute als **Teatro Goldoni** bekannt. Das Repertoire reicht von Klassikern über Goldoni bis zu modernen Autoren. Die Aufführungen finden allerdings nur auf Italienisch statt.

Ganz lebendig wird die Stadt in einer **Show** gezeigt, die die Geschichte Venedigs aufleben lässt. Täglich um 20 Uhr (Sommer) oder 19 Uhr (Winter) wird im Teatro San Gallo für 39 € eine bunte Show mit Musik, Theater und Multimedia-Effekten gezeigt: „**Venezia – The Romantic Story of Venice**". Aufführungssprache Englisch, in sieben Sprachen übersetzt.

◎**130** [F5] **Teatro Goldoni,** Calle Goldoni, San Marco 4650 B, zwischen Rialto und Campo San Luca, Tel. 041 5205422, www.teatrostabileveneto.it

◎**131** [F6] **Teatro San Gallo,** San Marco 1097, Campo San Gallo gleich beim Markusplatz, Tel. 041 2412002, www.teatrosangallo.net

---

EXTRATIPP

Augen auf: Eintritt frei!

Ingresso libero, Eintritt frei, heißt es erstaunlich oft bei Konzerten in Venedig, insbesondere bei solchen, die an ungewöhnlichen Orten stattfinden, oder zum Beispiel auch bei Konzerten ausländischer Universitätschöre oder -orchester. Allerdings muss man sie suchen, sie drängen sich einem nicht auf und werden meist nur über Aushänge angekündigt. Also: Augen auf!

Kino

Venedig ist eigentlich eine Kinostadt, aber das leider nur während der **Filmfestspiele** im September, während der die Goldenen Löwen vergeben werden. Dann spielt sich allerdings das meiste auf dem Lido ㊾ ab (Informationen im Internet unter www.labiennale.org).

Von Mitte Juli bis Anfang September gibt es jedoch eine riesige **Open-Air-Leinwand** auf dem Campo San Polo [D5] – Kino unterm Sternenhimmel (Cinema all'aperto, Arena estiva). Hier werden untertitelte und fremdsprachige Filme sowie die Filme aus dem laufenden Festspielprogramm gezeigt. Das aktuelle Kinoprogramm findet man in den Tageszeitungen „Il Gazzettino" oder „La Nuova Venezia".

Venedig für Kunst- und Museumsfreunde

Venedig ist ein Gesamtkunstwerk, eine Art Open-Air-Museum. Wer sich an der Stadt selbst noch nicht sattgesehen hat, kann auch eines der gut 40 Museen besuchen – es sind Häuser von Weltklasse darunter. Hier folgt eine kleine Auswahl.

Museen

Nahezu alles, was in Venedig zu besichtigen ist, kostet **Eintritt** und das nicht zu knapp. Da sich die Preise häufig ändern, wird im Folgenden bei den einzelnen Museen auf Preisangaben verzichtet. Die jeweils aktuellen Infos darüber finden sich unter www.turismovenezia.it. Einige Museen lassen sich im Verbund um einiges kostengünstiger mit **Kombitickets** besuchen:

› **Museums-Pass der Musei Civici Veneziani:** Kombikarte (sechs Monate gültig, regulär 20/14 €, reduziert unter www.veniceconnected.it oder vivaticket.it) für Dogenpalast, Biblioteca Marciana, Archäologisches Museum, Correr-Museum, Stoffmuseum im Palazzo Mocenigo, Ca' Rezzonico, Goldoni-Museum, Ca' Pesaro, Naturkundemuseum sowie die Museen auf Burano und Murano.
› **Venicecard** (s. S. 110)
› **Ermäßigungen** werden unterschiedlich gehandhabt, teilweise gibt es keine Reduktionen. In der Regel stehen Museen Besuchern unter 18 Jahren und Senioren aus EU-Ländern (meist ab 60, manchmal ab 65 Jahren) kostenlos offen. In manchen Museen für Senioren nur Ermäßigung. Für Studenten verschiedene Altersgrenzen.

Mit den **Öffnungszeiten** ist es in Venedig so eine Sache: Sie ändern sich ständig, unterliegen keiner Systematik und können daher trotz sorgfältigster Recherchen nicht mit absoluter Genauigkeit angegeben werden. Im Winter sind sie prinzipiell anders als im Sommer. Wer kein Risiko eingehen möchte, kann im Internet **nachsehen** unter www.comune.venezia.it, www.visitmuve.it oder www.polomuseale.venezia.beniculturali.it. Die Telefonnummern der einzelnen Museen sind daher hier nicht angegeben. Kassenschluss eine Stunde vor Museumsschluss.

132 [G7] **Biblioteca Nazionale Marciana,** San Marco 7, Piazzetta San Marco, Haltestelle „San Zaccharia", April–Okt. 9–19 Uhr, Nov.–März 9–17 Uhr, geschl.: 25.12., 1.1. Direkt gegenüber dem Dogenpalast beeindruckt der ungewöhnliche Bau der Marciana-Bibliothek. Das Gebäude schuf Jacopo Sansovino im 16. Jh. Hier findet sich eine der

Venedig für Kunst- und Museumsfreunde

> Museen, die mit einer magentafarbenen Nummer (**❷⓿**) als Hauptsehenswürdigkeit ausgewiesen sind, werden im Kapitel „Venedig entdecken" ausführlich beschrieben. Dort finden sich auch alle praktischen Informationen wie Adresse, Öffnungszeiten usw.

bedeutendsten Bibliotheken Italiens mit 13.000 Handschriften und nahezu einer Million Büchern. Zu besichtigen sind die Prunksäle im 1. Stock, die *Sale Monumentali,* in denen einige Schätze der Bibliothek zu bewundern sind. Auch die Räume mit Bildern von Veronese, Tizian, Tintoretto und anderen, der reiche Stuck, die Skulpturen und die mit Medaillons verzierten Decken sowie das Treppenhaus beeindrucken. Die Bibliothek ist im Anschluss an einen Rundgang durch das Museo Correr (s. u.) zu erreichen.

❷⓿ [G7] **Dogenpalast (Palazzo Ducale).** Heute ist der Dogenpalast das größte Museum der Stadt. Seine Ausmaße sind gigantisch und man kann ihn fast als mehrere Museen betrachten: Ein Museum, das die Geschichte der Republik Venedig widerspiegelt, eines, das der örtlichen Kunst einen Rahmen gibt, ein weiteres, das der Militärgeschichte gewidmet ist. In den riesigen Räumen vermischen sich die Schwerpunkte und man wird das Gebäude und sein Verwebtsein mit der Geschichte der Stadt als Ganzes in sich aufnehmen und bestaunen. Besonders beachtenswert: Im Ostflügel die Scala d'Oro, die Goldene Treppe, die zu den Dogengemächern im zweiten Stock und zu Amts- und Empfangsräumen im dritten Stock führt. Die riesige Sala del Maggior Consiglio, der Saal des Großen Rates, verfügt über eine Kassettendecke mit 35 Bildern, von denen besonders das Mittelbild von Tintoretto interessant ist: „Venezia reicht dem Dogen Nicolò da Ponte einen Ölzweig". Unterhalb der Decke finden sich Dogenbildnisse. Über dem Dogenthron hängt das mit 7 x 22 m größte Ölgemälde der Welt, das „Paradies" von Tintoretto. Man kann über die Seufzerbrücke in den Zellentrakt des Gefängnisses gehen und in zahlreichen kleineren Räumen Gemälde Veroneses und Tintorettos bewundern. Die Sala d'Armi präsentiert eine umfangreiche Waffensammlung aus verschiedenen Jahrhunderten.

🚊**133** [E9] **Fondazione Emilio e Annabianca Vedova,** Dorsoduro 266, www.fondazionevedova.org, Mo.–So. 10.30–18 Uhr, Di. geschl. Werke Vedovas werden rotierend gezeigt. Dem 2006 verstorbenen venezianischen Maler Emilio Vedova und seinen großformatigen abstrakt-expressionistischen Bildern ist von Renzo Piano ein ungewöhnliches Museum gestaltet worden. Hier kann man eine spektakulär in Szene gesetzte wechselnde Inszenierung seiner Werke und Sonderausstellungen anderer Künstler sehen. Der spärlich beleuchtete Raum des Museum ist im Winter völlig leer und wird zu festen Zeiten rund 20 Minuten lang mittels eines automatisch gesteuerten Roboterarms mit wechselnden Werken Vedovas aus einem im Hintergrund befindlichen Magazin bestückt. Die ausgewählten Objekte sind dann für je rund 30 Minuten frei im Raum hängend zu sehen. In der Sommersaison werden dort Arbeiten internationaler Künstler gezeigt. Vedova wird einen Häuserblock weiter östlich ausgestellt.

▷ *Das Geburtshaus des bekannten Komödienautors Carlo Goldoni, der Palazzo Centani, ist heute ein kleines Museum (s. S. 42)*

Auf ins Vergnügen
Venedig für Kunst- und Museumsfreunde

③ [D7] Gallerie dell'Accademia. Die berühmte Gemäldesammlung venezianischer Kunst und die Kunsthochschule *(Accademia di Belle Arti)* finden sich im weitläufigen ehemaligen Klostergebäude, in der Bruderschaft *(Scuola)* della Carità und deren aufgelöster Klosterkirche Santa Maria della Carità. Die Sammlungen der Accademia bieten einen umfassenden Überblick über die venezianische Malerei bis ins 19. Jh. und gehören zu den bedeutendsten Kunstsammlungen der Welt.

134 [F4] Ca' d'Oro – Galleria Franchetti, Cannaregio 3932, Haltestelle „Ca' d'Oro", Mo. 8.15–14 Uhr, Di.–So. 8.15–19 Uhr, geschl.: 1.5. Baron Giorgio Franchetti, ein Turiner Musiker und Sammler, schenkte der Stadt 1916 die Ca' d'Oro am Canal Grande mit den darin enthaltenen Sammlungen. Gezeigt werden Gemälde und Tapisserien bis hin zu Skulpturen, Fayencen und Möbeln. Der Palazzo gibt einen guten Eindruck davon, wie venezianische Paläste ursprünglich ausgestattet waren.

135 [E3] Ca' Pesaro – Galleria internazionale d'Arte Moderna (Museum für moderne Kunst), Santa Croce 2070, Fondamenta Mocenigo, direkt an der Haltestelle „San Stae", Di.–So. 10–18 Uhr, Nov.–März 10–17 Uhr, geschl.: Mo., 1.1., 1.5. u. 25.12. In den wunderschönen Räumen der Ca' Pesaro, eines der größten Palazzi der Stadt, richtete dessen letzte Besitzerin, die Duchessa Felicita Bevilacqua La Masa, im 19. Jh. ein Museum für moderne Kunst ein. Hier konnten in den 1920er-Jahren von der Biennale zurückgewiesene Künstler ihre Werke zeigen. Werke venezianischer Künstler des 19. Jh. und ausgewählte Werke internationaler Maler des 20. Jh., z. B. Gustav Klimt, Marc Chagall, Max Liebermann und Auguste Rodin, finden sich hier.

136 [E4] Fondazione Prada – Ca' Corner della Regina, Santa Croce 2215, Calle de Ca' Corner, Haltestelle „San Stae", www.prada.com/en/fondazione/cacorner, wechselnde Öffnungszeiten. Im prächtigen Palazzo wurden von der Stif-

Auf ins Vergnügen
Venedig für Kunst- und Museumsfreunde

tung Prada unter Leitung von Rem Koolhaas beachtliche Ausstellungsräume geschaffen. In ihnen werden in den Sommermonaten wechselnde Sonderausstellungen moderner Kunst gezeigt.

137 [D5] **Goldoni-Museum (Palazzo Centani/Casa di Goldoni)**, San Polo 2794, Calle dei Nomboli, April–Okt. tägl. 10–17 Uhr, Nov.–März tägl. 10–16 Uhr, Mi. geschlossen. Im gotischen Palazzo Centani wurde 1707 der venezianische Komödienautor Carlo Goldoni (1707–93) geboren. Er hat in seinen über 150 witzigen Lustspielen viel venezianisches Lokalkolorit eingefangen. In dem renovierten Palazzo erinnern Dokumente an sein Leben und Schaffen. Die angeschlossene Theaterbibliothek sammelt Literatur zu Goldoni, seiner Zeit und dem venezianischen Theater sowie Erstausgaben seiner Werke. Sehenswert sind auch der Treppenaufgang und der Brunnenkopf im Innenhof.

138 [I8] **Le Stanze del Vetro,** Isola di San Giorgio Maggiore 1, Do.–Di. 10–19 Uhr, www.lestanzedelvetro.it. Ein Ausstellungsjuwel für Glas in wunderbar modernen Räumen! Endlich hat Venedig auch ein eigenes Museum für moderne Glaskunst. Der Fokus liegt auf dem 20. und 21. Jh. Eröffnete 2012 mit einer Ausstellung zu Carlo Scarpa und Venini. Und das alles bei freiem Eintritt!

139 [F7] **Museo Correr (Correr-Museum),** San Marco 52, Eingang vom Markusplatz, Ala Napoleonica, April–Okt. 9–19 Uhr, Nov.–März 9–17 Uhr, geschl.: 25.12., 1.1. Drei Sammlungen sind hier vereint: das Museum venezianischer Kultur, eine Gemäldegalerie sowie das Museo del Risorgimento. Auch die **Biblioteca Marciana** und das **Archäologische Museum** sind über das Correr-Museum zu erreichen. Ein Streifzug durch die Kulturgeschichte Venedigs. Auch Sonderausstellungen.

140 [D2] **Museo Ebraico (Jüdisches Museum),** Cannaregio 2902 B, Ghetto Novo, Haltestelle „Guglie", www.museoebraico.it, Juni–Sept. 10–19 Uhr, Okt.–Mai 10–17.30 Uhr, Sa. und an jüdischen Feiertagen sowie 25.12., 1.1. und 1.5. geschlossen. Im Getto, am Campo del Ghetto Novo, beherbergt die Scuola Grande Tedesca im unteren Teil ein Museum mit hebräischer Kunst. Es zeigt überwiegend Kultgegenstände für das religiöse Brauchtum im jüdischen Jahreslauf. Die Führung ist sehr empfehlenswert, da sie nicht nur das Museum vorstellt, sondern auch den Zugang zu drei der fünf Synagogen erlaubt, deren Innenräume man nur auf diesem Weg sehen kann. Führungen auf Italienisch und Englisch jeweils zur halben Stunde, in anderen Sprachen nach Voranmeldung.

141 [H5] **Museo della Fondazione Querini-Stampalia,** Castello 4778, Campo Santa Maria Formosa, www.querinistampalia.it, Di.–So. 10–18 Uhr. Sammlung von rund 700 Werken venezianischer Schule. Die Wohnräume zeigen die Innenausstattung eines Palazzo im 18. Jh. Die Gemälde, v. a. von Pietro Longhi und Gabriele Bella, zeichnen das Alltagsleben Venedigs im selben Jahrhundert nach. In den 1960er-Jahren wurde der Palazzo in Teilen vom berühmten Architekten Carlo Scarpa umgebaut, der auch die Gärten anlegte.

16 [H5] **Museo di Palazzo Grimani.** Nach 25 Jahren Restaurierung ist der Palazzo Grimani unweit von Campo Santa Maria Formosa endlich wiedereröffnet worden. Der von außen unscheinbare Bau

> *Der Uhrturm neben der Markuskirche kann bei einer Führung besichtigt werden (s. S. 44)*

Auf ins Vergnügen
Venedig für Kunst- und Museumsfreunde

aus dem 16. Jh. enthält eine prachtvoll erhaltene Innenausstattung der Renaissance mit der festlichen Stuckdekoration, die sich an antiken römischen Vorbildern orientiert, und einige Gemälde, z. B. von Hieronymus Bosch. Eine Besonderheit im neuen Museum: Modelle für Sehbehinderte.

142 [G6] **Museo di San Marco (Museum der Markuskirche)**, San Marco 1, in der Markuskirche, tägl. 9.45–17 Uhr, Nov.–März 9.45–16.45 Uhr. Man betritt das Museum oberhalb des Haupteingangs der Markuskirche über eine Art Himmelsleiter, rechts vom Haupteingang der Kirche. Es ist ausgeschildert als „Loggia dei Cavalli". Zu sehen sind Mosaiken, liturgische Gewänder und Teppiche. Von herausragender Bedeutung sind die Originale der vier Bronzepferde (Quadriga).

37 [C7] **Museo del Settecento – Ca' Rezzonico**. Der Barockbau am Canal Grande wurde im 18. Jh. von den besten Künstlern Venedigs prachtvoll ausgestattet. Mit seiner authentischen Ausstattung an Möbeln, Fayencen und Porzellan, Kostümen und sonstigen Alltagsgegenständen bietet der Palazzo einen einzigartigen Rahmen für die Kunst des 18. Jh..

143 [J7] **Museo Storico Navale (Schifffahrtsmuseum)**, Castello 2148, Riva San Biagio, Haltestelle „Arsenale", Mo-Fr. 8.45–13.30 Uhr, Sa. bis 13 Uhr, So. und feiertags geschl. Vorbei an zwei Ankern österreichischer Kriegsschiffe vor dem Eingang geht es in das Reich von rund 250.000 schifffahrtsbezogenen Ausstellungsstücken. Das Museum erzählt auch die Geschichte der Seefahrt Italiens.

144 **Museo del Vetro (Glasmuseum Murano)**, Fondamenta Giustinian 8, Murano, April–Okt. 10–18 Uhr, Nov.–März 10–17 Uhr, Mi. sowie 1.1., 1.5. u. 25.12. geschlossen. Im Palazzo Giustinian, dem früheren Sitz des Erzbischofs von Torcello, ist das Glasmuseum untergebracht, das in seiner Art einzigartig in ganz Italien ist. Neben einer historischen Sammlung, die archäologische Schwerpunkte setzt, werden gläserne Kunstwerke aus dem 15. bis 19. Jh. gezeigt.

32 [E8] Peggy Guggenheim Collection. Im unvollendeten Palazzo Venier dei Leoni am Canal Grande wohnte bis zu ihrem Tode 1979 die illustre amerikanische Millionärin und Galeristin Peggy Guggenheim. Ihre Sammlung wird zu den bedeutendsten privaten Sammlungen moderner Kunst weltweit gezählt.

145 Pinacoteca e Museo di San Lazzaro degli Armeni (Armenisches Kulturzentrum), Isola di San Lazzaro degli Armeni, nur mit Schiffslinie 20 von Riva degli Schiavoni, Haltestelle „San Zaccharia", aus zu erreichen, Abfahrt 15.10 Uhr, geöffnet tägl. 15.25–17 Uhr (entsprechend den Ankunfts- und Abfahrtszeiten des Linienbootes, nur mit Führung zu besichtigen). Wer mit dem Schiff um 15.10 Uhr abfährt, wird um 15.25 Uhr von einem Mechitaristen-Mönch am Landungssteg abgeholt und durch das Kloster und seine Ausstellungen geführt. Die Führung endet gegen 17 Uhr, sodass es dann pünktlich mit dem nächsten Schiff zurückgehen kann. Die Armenier kamen 1717 nach Venedig, auf der Flucht vor den Türken, die in diesem Jahr die Peloponnes eroberten. Sie gründeten auf der ehemaligen Leprosen-Insel ein Kloster.

34 [F8] Punta della Dogana – François Pinault Foundation. Der französische Milliardär François Pinault hat 2009 in den weitläufigen Hallen der alten Zollstation Punta della Dogana an der Salute-Kirche im Stadtteil Dorsoduro sein Museum eröffnet. Für diese beispiellose Sammlung moderner Gegenwartskunst schuf der japanische Architekt Tadao Ando Ausstellungsraum auf 4500 m². Das Museum ergänzt die Sonderausstellungen des Palazzo Grassi 26, der ebenfalls Plnault gehört, mlt elner Dauerausstellung und Sonderausstellungen.

21 [G6] Uhrturm (Torre dell'Orologio). Vom berühmten Uhrturm neben der Markuskirche hat man einen ungewöhnlichen Blick an den „Mohren" vorbei, die die Glocke schlagen, und erfährt alles über das aufwendig restaurierte Uhrwerk. Achtung: Im Inneren des Turms, der nur während einer Führung besichtigt werden kann, ist es eng und man muss steile Treppen erklimmen.

Die Biennale: Kunst unter freiem Himmel

Kunst findet man in Venedig nicht nur in Museen. Jedes zweite Jahr von Anfang Juni bis Ende Oktober/Anfang November (in ungeraden Jahren: 2013, 2015, 2017 usw.) wird zeitgenössische Kunst während der **Biennale d'Arte,** der Kunst-Biennale, über die ganze Stadt verteilt. Die internationale Kunstausstellung zeitgenössischer Kunst findet seit 1895 in den 28 Länderpavillons der **Giardini Pubblici** (Vaporetto-Halt „Giardini") statt.

Auch das benachbarte **Arsenale-Gelände 11** und **die ganze Stadt werden mit einbezogen.** Dort zeigen jene Länder ihre Kunst, die keine Pavillons haben. Neben der darstellenden Kunst werden immer häufiger **musikalische, tänzerische und filmische Elemente** ins Rahmenprogramm aufgenommen. In den Jahren, in denen keine Kunst-Biennale stattfindet, wird alternierend eine Architekturschau gezeigt.

› www.labiennale.org

› *Entspannung am Wasser*

Auf ins Vergnügen 45
Venedig zum Träumen und Entspannen

Venedig zum Träumen und Entspannen

Ein Venedig-Besuch kann sehr anstrengend sein. Überall Menschen, immer zu Fuß unterwegs, kaum ein Ort, an dem man sich ausruhen, kaum Bäume, in deren Schatten man sich niederlassen kann.

Doch man kann der Stadt auch entspannende Momente abgewinnen. Und **Träumen** lässt es sich in Venedig sowieso bei jedem Schritt in den malerischen, romantischen, etwas dekadent verfallenen Gassen, auf den weiten Plätzen und entlang der Fondamente am Wasser. Nicht umsonst gilt die Stadt als romantischste Stadt der Welt!

Erste Wahl zum Entspannen ist auf jeden Fall ein Spaziergang in der Sonne entlang der **Zattere** ❸❺. Ein Eis bei Da Nico (s. S. 35) auf dem Ponton in der Sonne genossen, ein kurzes Sonnenbad auf einer Bank oder gar eine kleine Mahlzeit in einem der zahlreichen Lokale am Ufer der Zattere – so gewinnt man neue Kräfte für weitere Entdeckungen. Wer den völligen Rückzug sucht, kann, ohne Eintritt bezahlen zu müssen, den kleinen, idyllischen **Skulpturengarten des Museums Ca' Rezzonico** ❸❼ besuchen und sich im Grünen unter Statuen vom Pflastertreten ausruhen – einer der lauschigsten Orte der Stadt.

Parkähnliche Anlagen gibt es auf der Insel **Sant' Elena** [M9/10], hinter dem Biennale-Gelände ❶❷ gelegen,

Auf ins Vergnügen
Venedig zum Träumen und Entspannen

EXTRATIPP

Ein Gläschen unter Bäumen
So richtig die Seele – oder die strapazierten Füße – baumeln lassen kann man besonders gut auf dem **Campo San Giacomo dell'Orio** [D4] im Stadtteil Santa Croce. Der Platz mit den meisten Bäumen Venedigs ist angenehm weitläufig, auch weil die Bebauung in diesem Teil der Stadt insgesamt viel lockerer ist als andernorts. Ungewöhnlich ist hier die Mischung aus Bäumen, Bänken und Stühlen vor Cafés und Bars, die den Platz richtig heimelig machen. Nachmittags toben hier die Kinder des Viertels, fahren Dreirad und spielen Ball. Den schönsten Blick hat man von einem Tisch der **Enoteca Al Prosecco** (s. S. 25) am östlichen Ende des Campo.

und gleich neben dem Markusplatz: die **Giardini Ex Reali** [G7] mit Picknickbänken und Toiletten.

Völlig abschalten lässt es sich auf der **Friedhofsinsel San Michele** ❹❸. Dorthin verschlägt es nur wenige Touristen, hierher kommen die Venezianer, um ihrer Toten zu gedenken. Es gibt viele malerische Flecken auf San Michele. Man kann sich in dem verwinkelten Areal durchaus ein paar Stunden aufhalten – und sich auch problemlos verlaufen.

Wem es in Venedig zu wenig Grün und nicht genug Bäume gibt, der kann auf dem **Lido** ❹❾, dem Strand von Venedig, kilometerlange Spaziergänge am Ufer der Adria machen, verträumt Muscheln sammeln, Rad fahren oder bei einem Bad im Meer entspannen.

◁ *Besonders nachts lohnt ein Streifzug durch die engen Gassen*

Am Puls der Stadt

Am Puls der Stadt
Das Antlitz der Stadt

Das Antlitz der Stadt

Die Serenissima, die „Allerdurchlauchteste" oder „Heiterste", wie Venedig auch gern mit ihrem Ehrennamen aus der Zeit der venezianischen Republik genannt wird, ist eine bewährte Verführerin. Es gibt wenige Städte, die einen vergleichbaren Zauber ausüben. Geprägt durch Stein, Wasser und Licht vermag die Lagunenstadt Besucher auf vielfältige Weise in ihren Bann zu ziehen. Und man muss nicht nur die Musentempel besuchen, die Stadt bietet auf Schritt und Tritt Kunst und Kultur. Es gibt kaum eine Kirche, in der nicht Gemälde großer Künstler zu bestaunen sind (teils kostenlos, teils gegen Entgelt). Und hinter jeder Straßenecke lauert Geschichte.

Venedig (ital. „Venezia") liegt im Nordosten Italiens an der Küste der Adria. Der dem historischen Zentrum *(centro storico)* vorgelagerte Lido schließt die Lagune zum offenen Meer hin ab. Venedig ist **Hauptstadt der Region Venetien und der Provinz Venedig.**

Die Stadt **Mestre** auf dem Festland wurde 1926 eingemeindet. Dort leben heute mehr als die Hälfte der Einwohner der Agglomeration Venedig. Der **Industriestadtteil Marghera** liegt ebenfalls auf dem Festland und ist durch petrochemische Industrie geprägt. Ein weiterer Stadtteil, **Favaro Veneto,** liegt nordöstlich von Mestre, dort befindet sich der Flughafen

◹ Von den Türmen der Stadt hat man einen wunderbaren Blick bis aufs Festland – und bei klarem Wetter sogar bis zu den schneebedeckten Alpen

Das Antlitz der Stadt

Von der Mördergasse zur Brücke der Brüste

In Venedig gibt es eine einzige Straße, die Straße heißt: die Strada Nova [F4]. Alle anderen Fußwege sind **Gassen, "calli"** (Einzahl „calle" vom Lateinischen „callis" = Pfad), von denen es ungefähr 3000 gibt. Sie werden allerdings nicht immer „calle" genannt, sondern manchmal auch „calletta", kleine Gasse, „piscina", „crosera" oder auch „rio terà", wenn es sich um einen zugeschütteten Kanal handelt. Eine „ruga" ist eine Gasse, an der viele Geschäfte liegen. Der Ausdruck leitet sich vom französischen „rue" ab. „Ramo" nennen sich kleine Seitengassen, die meist Sackgassen sind.

Ist die Uferseite eines Kanals begehbar, so wird sie „fondamenta" genannt. Die breitesten sind die Zattere ㉟, die **Flaniermeile** der Venezianer, gegenüber der Insel Giudecca, die Riva degli Schiavoni [H/I7] in der Verlängerung von San Marco und die Fondamente Nuove [H3] im Norden der Stadt. Als „sottoportego" bezeichnet man eine kurze, überdachte Passage durch ein Gebäude hindurch. „Saliz(z)ada" heißen in Venedig jene Straßen, die als erste gepflastert waren. Der Name leitet sich von „selciata", gepflastert, ab. **Plätze** gibt es in Venedig nur einen einzigen, den Markusplatz, Piazza di San Marco. Alle anderen nennen sich „campo" oder „campiello", Feld oder kleines Feld.

Manche Gassen in Venedig haben **sonderbare Namen.** So gibt es einen Rio terà degli Assassini, eine Mördergasse, die Ponte dei Squartai, die Brücke der Viergeteilten, eine Ponte delle Tette, die Brücke der Brüste, aber auch eine Ponte della Donna Onesta, die Brücke der ehrbaren Frau, oder die Calle del Amor dei Amici, die Gasse der Liebe der Freunde.

Marco Polo. Der Hafen der Stadt ist der drittgrößte des Landes. Und noch ein Kennzeichen trägt Venedig: Sie ist die **teuerste Stadt Italiens!**

550 Quadratkilometer umfasst die Niedrigwasser- und Sumpfzone der venezianischen Lagune. Das Stadtgebiet an sich macht sieben Quadratkilometer aus. Die **auf über 100 Inseln erbaute Stadt** verfügt zum einen über zahlreiche **Wasserwege,** wie sie von Natur aus zwischen den einzelnen Inseln bestanden, zum anderen über Fußwege, die die unterschiedlichsten Namen tragen. Der Lastenverkehr erfolgt fast ausschließlich auf dem Wasser. Heute findet der Individualverkehr überwiegend auf dem Land statt, denn trotz des recht gut ausgebauten Netzes von Bootslinien ist Venedig eine **Stadt der Fußgänger.** Die beiden Verkehrsnetze schneiden sich an den vielen **Brücken** – von ihnen gibt es mehr als 400.

Die Inseln, auf denen Venedig steht, sind überzogen mit einem Netz aus – teilweise atemberaubend engen – *calli,* schluchtartigen Gassen, und *campi,* Plätzen verschiedenster Größe und Form. Sie sind zumeist recht klein (und heißen dann *campielli*). Im scheinbar systemlosen **Gassengewirr** läuft man ohne Stadtplan oft genug in die Irre und verliert sich in Sackgassen und Innenhöfen.

Venedig ist in **sechs relativ eigenständige Stadtteile** unterteilt, die sogenannten **Sestieri** („Sechstel").

Am Puls der Stadt
Von den Anfängen bis zur Gegenwart

Die Campi, insbesondere die größeren, waren und sind Zentren des öffentlichen Lebens und der Kommunikation. Häufig finden sich hier Kirchen und die für Venedig typischen Brunnenköpfe.

Auf den Plätzen finden sich auch zahlreiche Herrenhäuser der vormals adeligen Schicht. Doch es gibt nur einen wirklichen Palazzo, den **Dogenpalast** (Palazzo Ducale) [20]. Alle andern Palazzi heißen gemäß dem venezianischen Sprachgebrauch einfach Ca', als Abkürzung für *casa* (Haus). Die Lücken zwischen den Kirchen- und Prachtbauten füllen die weniger aufwendig dekorierten Wohnhäuser der Bürger.

Der **Untergrund der Stadt** besteht aus Sandbänken, die knapp unter bzw. über der Wasseroberfläche liegen. In diesen instabilen Baugrund wurden zwei bis vier Meter lange Lärchen- oder Eichenpfosten, sogenannte *pali*, getrieben, in konzentrischen Kreisen bis in die Tiefe der darunter liegenden Tonschicht. Darauf wurde ein Gerüst aus liegenden Balken befestigt, auf denen ein Fundament, meist aus istrischem Kalkstein, geschichtet wurde, auf dem man dann die einzelnen Häuser oder Kirchen errichtete. Die Hohlräume zwischen den Stämmen wurden mit Sand und Schlick aufgefüllt.

In der Stadt sind **Stile** aller kunsthistorischen Epochen vertreten, von der vorromanischen Zeit über die Romanik byzantinischer Prägung bis zur Moderne.

> *Bei Niedrigwasser kann man sich am besten vorstellen, wie Venedig entstanden ist: auf Inseln im Schlamm*

Von den Anfängen bis zur Gegenwart

Ursprünglich war „Venetia" nur eine Region, zusammen mit Istrien die zehnte der Regionen, in die der römische Kaiser Augustus das italische Territorium unterteilt hatte. Sie umfasste das Gebiet des heutigen Venetien, Friaul und Triest. Doch im Laufe der Jahrhunderte ist aus der ursprünglichen, kontinentalen Region „Venetia" das maritime „Venezia" geworden.

Die Gruppe von rund 120 Inseln, auf der Venedig sich schließlich ausdehnte, ist Teil der in steter Veränderung begriffenen **Laguna Veneta** (Lagune von Venedig). Sie ist ein Wattenmeer, das von der offenen Adria durch schmale Landstriefen oder Dünenkämme, *Lidi* genannt, abgetrennt wird. Die Lagune ist nur an drei Stellen mit der Adria verbunden, die die Wasserzirkulation (Gezeiten) und den Schiffsverkehr ermöglichen. Bedeutung gewannen die Laguneninseln erst im 6. und 7. Jh., in der Zeit der Völkerwanderungen, als **Zufluchtsorte**.

Ab etwa dem Jahr 1000 begann der rasante Aufstieg zur Weltmacht, die Venedig bis ungefähr 1500 blieb. Bedeutend für die Geschichte Venedigs ist in diesem Zusammenhang die sogenannte „Translatio", die **Überführung des Leichnams des Evangelisten Markus** nach Venedig. Die Reliquien waren 828 von zwei venezianischen Kaufleuten, Rustico da Torcello und Bon da Malamocco, unter einer Ladung Schweinefleisch verborgen an den islamischen Zollaufsehern vorbeigeschmuggelt und in die Lagune transportiert worden. Markus war wichtig für Venedig, da die Stadt und

Am Puls der Stadt
Von den Anfängen bis zur Gegenwart

deren Bewohner durch ihn eine Integrationsfigur gewannen und sie den Löwen, das Symbol des Schutzheiligen, zum Sinnbild des jungen Staates machten. Das 14. und vor allem das 15. Jh. markierten den Beginn der Glanzzeit von Staat und Stadt, unter anderem durch die **Ausdehnung auf das italienische Festland**, die sogenannte *terra ferma*. Venedig wurde neben einer Seemacht auch zu einer Territorialmacht.

Im 15. Jh. ereignete sich etwas, das den Untergang Venedigs besiegelte: Nachdem Vasco da Gama 1498 den Seeweg nach Indien entdeckt hatte, musste sich der **Handel neu orientieren**. Die alten venezianischen Handelswege im östlichen Mittelmeer wurden bedeutungslos, Länder wie Spanien, Portugal, England und Holland profitierten davon auf Kosten Venedigs. Venedig wurde allmählich zum **unbedeutenden Kleinstaat**. Schließlich war die Stadt einfach zu klein und zu dünn besiedelt, um sich gegen die sich bildenden Nationalstaaten behaupten zu können. Kulturell zählt dieser Zeitraum jedoch zu den fruchtbarsten der Stadt.

Nach dem Untergang der Republik durch den Verlust der *terra ferma* und damit verbunden der wirtschaftlichen Grundlagen kam es zu einem **Verfall der Stadt**, von dem sich Venedig trotz der zunehmenden Tourismuseinnahmen bis heute nicht erholt hat. Selbst die Eingemeindung der Industriestädte Mestre und Marghera auf dem Festland konnte diesem Verfall nicht entgegenwirken.

421 Am 25. März wird Ur-Venedig der Legende nach von Bewohnern der nahe der Lagune gelegenen Städte in Malamocco (auf dem Lido) gegründet, die auf die Inseln flüchten.

697 Den Angaben des Chronisten Johannes Diaconus zufolge wurde in diesem Jahr der erste Doge (von lateinisch *dux* = [An-]Führer) als byzantinischer Gouverneur gewählt. (Der Legende zufolge lautete sein Name er Paulicius oder Paoluccio Anafesto.)

Am Puls der Stadt
Von den Anfängen bis zur Gegenwart

811 Der Dogensitz wird von Malamocco nach Rialto verlagert. Rialto wird zur Metropole See-Venetiens und Agnello Partecipazio erster eigentlicher Doge.

828 Der in Alexandria entwendete Leichnam des heiligen Markus wird unter großem Jubel in Venedig empfangen.

836 Die erste Markuskirche wird als Dogenkapelle fertiggestellt.

959–976 Der Doge Pietro Candiano IV. regiert Venedig als absoluter Monarch und wird ermordet. Dabei brennen Dogenpalast und Markuskirche sowie 400 Häuser nieder.

1000 Venedigs Flotte begründet mit der Eroberung Istriens und Dalmatiens die Vorherrschaft in der Adria.

1094 Nach dem (angeblichen) Wiederauffinden der Markusreliquie wird die (jetzige) Markuskirche neu geweiht.

1099–1100 Beteiligung Venedigs am 1. Kreuzzug. Die Kreuzfahrer nehmen Jerusalem ein, das Handelsgebiet der Venezianer umfasst nun auch das Heilige Land.

1104 Das Arsenal, die Großwerft Venedigs, wird gegründet.

1143 Neben dem Dogen wird erstmals ein Rat bei den Regierungsgeschäften erwähnt.

1177 Friede von Venedig zwischen Kaiser Friedrich I. Barbarossa und Papst Alexander III. in der Markuskirche. Venedig wird dadurch zum Mittelpunkt der politischen Welt.

13. April 1204 Eroberung und Plünderung Konstantinopels durch das Kreuzfahrerheer (4. Kreuzzug) unter Enrico Dandolo. Ein „Lateinisches Kaiserreich" wird geschaffen, eine Marionette Venedigs. Venedig annektiert drei Achtel des byzantinischen Reiches.

1271–1295 Reisen des venezianischen Händlers Marco Polo nach Zentralasien und China.

1340 Baubeginn des heutigen Dogenpalastes.

1348 Ein schweres Erdbeben erschüttert Venedig. Drei Viertel der Bewohner sterben an der Pest.

Nach 1400 Die Venezianer dehnen ihr Territorium nach Nordosten, vor allem aber nach Westen aus. Padua, Vicenza, Verona, Bergamo und Brescia werden venezianisch.

1469 Beginn des Buchdrucks in Venedig.

1498 Vasco da Gama entdeckt den Seeweg nach Indien, das Mittelmeer verliert seine zentrale Rolle in der Weltschifffahrt und -wirtschaft. Damit verlieren Venedigs Handelswege allmählich an Bedeutung.

1516 Die Juden der Stadt werden gezwungen, im Getto zu wohnen.

1537 Jacopo Sansovino vollendet die Markusbibliothek.

1564–1588 Tintoretto erschafft die Gemälde für die Scuola San Rocco.

1571 Venedig verliert Zypern an die Türken. Im selben Jahr Seesieg der europäisch-venezianischen Flotte bei Lepanto über die Türken. Juden werden aus Venedig vertrieben.

1573 Widerrufung der verfassungswidrigen Judenvertreibung, Friedensschluss mit den Türken.

1575 1576 Die Pest wütet in Venedig. Zum Dank für das Verschwinden der Pest wird die Votivkirche Il Redentore erbaut.

Am Puls der Stadt
Von den Anfängen bis zur Gegenwart

1577 Verheerender Brand im Dogenpalast, dem u. a. die Wandbilder in der Sala del Maggior Consiglio zum Opfer fallen.

1630–1631 Erneute Pestepidemie in Venedig, der Bau der zweiten Votivkirche Santa Maria della Salute wird versprochen.

1718 Venedig verliert zum Ende des Spanischen Erbfolgekrieges die meisten seiner noch verbliebenen auswärtigen Besitzungen.

1744–1782 Errichtung der „Murazzi", vier Kilometer langer und 14 Meter breiter Steindämme im südlichen Lagunenbereich von Pellestrina und Sottomarina als Schutzwall gegen das Meer.

1796 Napoleon wird Oberbefehlshaber der französischen Italienarmee und beginnt seinen Siegeszug.

1797 Am 12. Mai dankt der letzte Doge Ludovico Manin ab, die Republik erlischt, die Truppen Napoleons besetzen die Stadt. Am 7. Dezember werden die Pferde vom Balkon der Kirche San Marco nach Paris gebracht.

1798 Venedig kommt unter österreichische Herrschaft.

1805 Venedig wird dem napoleonischen Königreich Italien zugewiesen.

1811 Die Gebeine des heiligen Markus, die man während der politischen Wirren versteckte, tauchen wieder auf.

1814 Venedig wird erneut österreichisch.

1846 Einweihung des Eisenbahndamms, der Venedig mit dem Festland verbindet.

1848/49 Revolutionsregierung in Venedig unter Daniele Manin. Die Venezianer widerstehen über ein Jahr der Belagerung durch die Österreicher, kapitulieren jedoch schließlich aufgrund einer Choleraepedemie.

1866 Venedig wird in das neu entstandene Königreich Italien eingegliedert.

1895 Erste Kunst-Biennale.

1902 Einsturz des Campanile von San Marco (1911 wiedererrichtet).

1932 Die Filmfestspiele auf dem Lido werden ins Leben gerufen.

1933 Einweihung eines zusätzlichen Damms neben der Eisenbahnbrücke für den Autoverkehr als Ponte Littorio, der nach 1945 in Ponte della Libertà, Freiheitsbrücke, umbenannt wird.

Nach 1945 Zunehmende Industrialisierung der Zone um Marghera, Modernisierung des venezianischen Hochseehafens. Hierfür werden tiefe Fahrrinnen angelegt, die den Wasseraustausch zwischen Lagune und Meer aus dem Gleichgewicht bringen. Beginn der Abwanderung großer Teile der Bevölkerung.

1966 Katastrophales Hochwasser: Das gesamte Stadtgebiet liegt nach einer Sturmflut unter Wasser.

1973 Die italienische Regierung erklärt den Schutz der Stadt zu einem „vorrangigen nationalen Anliegen".

1979 Der traditionsreiche venezianische Karneval wird wiederbelebt.

1987 Venedig wird in die Liste des UNESCO-Welterbes aufgenommen.

1996 Am 29. Januar brennt das berühmte Teatro La Fenice komplett nieder.

1997 Nach mehreren Jahrzehnten werden die kleinen Kanäle *(rii)* der Stadt erstmals wieder von Schlamm befreit und ausgebaggert.

2000 Von November bis Januar 2001 bedrohen mehrere starke Hochwasser die Stadt, es wird wieder intensiver über Schutzmaßnahmen nachgedacht.

2003 Unter Ministerpräsident Silvio Berlusconi wird der Bau umstrittener Hochwassersperren an den Lidi der Stadt begonnen. Der ehemalige Industriebau Molino Stucky auf der Insel Giudecca wird kurz vor seiner Fertigstellung als Luxushotel ein Raub der Flammen.

◁ *Der vor dem Markuslöwen kniende Doge – das Staatsoberhaupt ordnet sich der Republik unter (Relief am Dogenpalast* [20]*)*

Blick hinter die Kulissen der Stadt

Venicebackstage, eine Website, die von der Stadt Venedig eingerichtet wurde, erlaubt faszinierende und beunruhigende Blicke hinter die Kulissen der Stadt im Wasser. Die Homepage und der dort abrufbare 18-minütiger **Info-Film** über die Entstehung, Baugeschichte und die Probleme Venedigs sollte zur gedanklichen Vorbereitung eigentlich ein **Muss vor jeder Venedig-Reise** sein.
› www.venicebackstage.org/en

2004 Wiedereröffnung des Teatro La Fenice.
2007 Eröffnung von Molino Stucky als größtes Hotel der Stadt.
2008 Einweihung der vierten Brücke über den Canal Grande, der Ponte della Costituzione zwischen Piazzale Roma und Bahnhof.
2008 Ein striktes Verbot, auf dem Markusplatz Tauben zu füttern, wird erlassen.
2009 Eröffnung des neuen Museums für zeitgenössische Kunst in der Meereszollstation Punta della Dogana: François Pinault Foundation.
2010 Eröffnung des People Movers, eines führerlosen Zuges zwischen Tronchetto-Parkplatz und Piazzale Roma.
2011 Im Februar fährt ein Auto über die Calatrava-Brücke. Papst Benedikt XVI. besucht Venedig. Es wird eine Touristensteuer eingeführt.
2012 Der Bau einer Straßenbahntrasse vom Festland in Mestre bis zur Piazzale Roma wird begonnen.

› *Teile der Stadt sind zu Fuß nicht zugänglich, aber mit einer Gondel*

Leben in der Stadt

Venedig wird häufig als Freiluftmuseum bezeichnet. Aber es ist mehr, wenn man versucht, nicht nur Kultur (und Spezialitäten) zu konsumieren, sondern auch Kontakt zu den Einwohnern aufzunehmen. Auch wenn man kein oder nur wenig Italienisch spricht.

Die **Venezianer** sind herzliche, zugängliche Menschen, die sich im Laufe der Jahrzehnte und Jahrhunderte allerdings eine Art Schutzpanzer zugelegt haben, der sie die Touristeninvasion ertragen lässt und den man erst einmal durchdringen muss, um sie näher kennenlernen zu können.

Venedig ist heute aber auch eine **Stadt der Probleme,** eine Stadt, die weit davon entfernt ist, die *Serenissima,* die Heitere, zu sein. Und dabei ist das größte Problem nicht, dass sie in der Lagune versinkt. Das **Wasser** macht ihr natürlich zu schaffen. Es knabbert an allen Ecken. Einen Höhepunkt erlebte Venedig zuletzt von November 2009 bis März 2010, als eine Serie von extremen Hochwassern gar nicht mehr abreißen wollte. Zuletzt am 11. November 2012 erlebte die Stadt mit 149 cm das sechsthöchste Hochwasser seit Aufzeichnung des *acqua alta* (s. S. 76).

Doch etwas anderes ist ein viel größeres Problem als das Hochwasser: der **Exodus.** Die Stadt verliert mit rasender Geschwindigkeit ihre Einwohner. Lebten im Jahr 1951 noch 175.000 Menschen im *centro storico,* den sechs Stadtteilen rund um den Canal Grande, so sind es heute noch nicht einmal mehr 60.000 – und die sind meist alt, denn die Jugend sucht den Komfort und die bezahlbaren Mietpreise des Festlands. 2011 wurden in Venedig nur 421

Am Puls der Stadt
Leben in der Stadt

Kinder zur Welt gebracht. 899 Venezianer dagegen starben. Setzt man das in Relation zu rund 20 Millionen Touristen, die Venedig pro Jahr besuchen, und zu 150.000 Besuchern, die sich an jedem Karnevalstag durch die Stadt zwängen, so sind dies erschreckende Zahlen. Bedenklich ist auch, dass immer mehr traditionelle Läden und Bars, die den Charme der Stadt ausmachen, schließen und vorwiegend von Chinesen übernommen werden. In großem Stil übernehmen chinesische Investoren die von den Venezianern verlassenen Läden und Lokale und verwandeln Läden des täglichen Gebrauchs in Souvenirshops. Venedig mutiert dadurch zunehmend zum Vergnügungspark.

Doch die Stadt lebt vom **Tourismus**. Er ist ihr Haupterwerbszweig. Wie wichtig er für sie ist, hat man während der letzten Wirtschaftskrise gesehen. Viele alteingesessene Häuser, seien es Restaurants oder Hotels, aber vor allen Dingen Läden, mussten schließen. Im Winter und sogar bis weit ins Frühjahr 2010 hinein war die Stadt teilweise wie ausgestorben.

Im Kontrast dazu steht der augenfällige **Wandel Venedigs** hin zu einer Stadt, die sich durch moderne Architektur und hochmoderne Technik auszeichnen will. Revolutionärste Neuerung im Rahmen der vielfältigen Bauvorhaben in Venedig ist – nachdem es jahrhundertelang nur drei Brücken über den Canal Grande

Venezianer: vom Inseldasein geprägt

Es soll tatsächlich auch heute noch Venezianer geben, die aus dem Viertel, in dem sie geboren wurden und leben, noch nicht herausgekommen sind. Man hört bisweilen von Einheimischen, die nie den Canal Grande überquert oder den Markusplatz gesehen haben. Die Venezianer sind **selbstzufrieden und in sich gekehrt** und dabei doch **weltoffen und weitsichtig.** Sie sind ein sonderbares Völkchen, das in seiner Mentalität auch heute noch durch die Geschichte geprägt ist, durch die Notwendigkeit der Flucht in ein eigentlich unbewohnbares Areal auf Sumpfinseln im Malaria-Gebiet. Denn es flohen die Mutigeren und Kräftigeren und die Lebensbedingungen, die sie vorfanden, führten – frei nach darwinscher Evolutionstheorie – sicher zu einer weiteren Auslese.

Viel unterschiedliches Blut fließt in den Adern eines „echten" Venezianers: slawisches vielleicht und österreichisches, ganz sicher aber orientalisches.

gab – der Bau einer Brücke zwischen Bahnhof und Piazzale Roma als gewagte Glaskonstruktion: **Ponte della Costituzione** ❶, Verfassungsbrücke. Erst im April 2010 wurde zudem der sogenannte **People Mover** in Betrieb genommen, ein führerloser Zug, der Passagiere von der Parkplatzinsel Tronchetto in wenigen Minuten zu Piazzale Roma transportiert. Der People Mover ist Teil eines umfangreichen **Projektes zur Umgestaltung des Eingangstores zur Stadt**, im Rahmen dessen seit 2012 auch eine Straßenbahntrasse vom Festland in die Stadt gebaut wird.

Langsam wird sich Venedig auch seiner ökologischen Verpflichtung als urbane Einheit mitten in der Natur der Lagune bewusst. So wurde zum Beispiel der **Flughafen Marco Polo**, einer der größten Airports Italiens, 2010 als weltweit erster Flughafen einem „Gesundheits-Check" unterzogen. Durch lokale Energiegewinnung, erneuerbare Energien und gezielte technische Verbesserungen soll er zu einem „grünen Flughafen" werden.

Nach dem schweren Unglück eines Kreuzfahrtschiffes vor der italienischen Küste wurde 2012 in Venedig mehrfach massiv gegen die direkt vor dem Dogenpalast **passierenden riesigen Schiffe** protestiert. Es wird aktuell eine andere Ein- und Ausfahrtsroute der Schiffe geplant, die dann in naher Zukunft genutzt werden soll.

Venedig entdecken

Christen und Juden: Cannaregio

Venedig bietet so viele Sehenswürdigkeiten! Allein die Kirchen: Nahezu jede der über 100 Kirchen ist durch seinen Reichtum an Kunst von Weltrang fast schon ein Museum für sich. In der Stadt in der Lagune ist fast alles von historischem oder kunsthistorischem Interesse, sehens- oder besichtigenswert, beachtens- oder bewundernswert. Wie soll man da auswählen, bei mehr als 300 Palazzi, 117 Kirchen und 40 Museen? Ganz klar ist Venedig keine Stadt wie andere. Die Stadt ist nicht nur in bestimmten Vierteln oder Straßenzügen sehenswert, sondern als Ganzes.

Christen und Juden: Cannaregio

Der Stadtteil Cannaregio erstreckt sich nördlich des Canal Grande vom Bahnhof bis zur Brücke beim Fondaco dei Tedeschi (Hauptpost bei Rialto) und jener vor der Kirche Santi Giovanni e Paolo. Im Norden öffnet sich der Stadtteil zur Lagune. Hier liegt das älteste Ghetto der Welt.

Cannaregio hat durch die Anlage der breiten, völlig unvenezianischen, dabei sehr belebten **Strada Nova** [F4] erhebliche Veränderungen erfahren. Parallel zu diesen Straßenzügen verlaufen weiter nördlich mehrere lange Kanäle mit breiten Uferwegen. An diesen Kanälen liegen vor allem einfachere, teilweise auch ärmliche Viertel, in denen sich Besucher manchmal wie in einer verlassenen Stadt vorkommen können. Doch gerade hier sind viele sehenswerte Kirchen zu entdecken.

❶ Ponte della Costituzione (Verfassungsbrücke) ★★ [A4]

Zwischen Piazzale Roma und Bahnhof verbindet Venedigs jüngstes Bauwerk die beiden Ufer des Canal Grande: Erst seit September 2008 überspannt die vierte Brücke, Ponte della Costituzione, Verfassungsbrücke, den großen Kanal. Der Entwurf des sanft geschwungenen, 94 m langen

Venedig entdecken
Christen und Juden: Cannaregio

EXTRATIPP

People Mover
Ein von Geisterhand betriebener Zug bringt seit 2010 Besucher von den Parkplätzen und Parkhäusern auf der Insel Tronchetto bis zum Busbahnhof auf dem Piazzale Roma [A5]. „People Mover" nennt sich der Zug, der pro Stunde 3000 Personen befördern kann. Für 1 € wird die 867 m lange Strecke über zwei Kanäle in nur drei Minuten bewältigt. Die zwei Züge – die je 200 Personen transportieren können und auf einer Stahlfahrbahn (nicht auf Gleisen!) auf luftgefüllten Rädern an Seilen von Elektromotoren hin- und hergezogen werden – fahren an der Mittelstation aneinander vorbei, bevor sie dann an Tronchetto oder am Piazzale Roma in die Bahnhöfe einlaufen.

Bauwerks aus Stahl stammt von **Santiago Calatrava** und ist **mit Glasstufen versehen**. Die neue, für Venedig ungewöhnlich moderne Brücke ermöglicht eine direkte Verbindung zwischen dem Ort, an dem in Venedig die Touristenbusse und Pkws ankommen, mit dem Kopfbahnhof.

❷ Ghetto ★★★ [D2]

Ein unscheinbarer, windschiefer und niedriger Durchgang führt unweit der Schiffshaltestelle „Guglie" ins Ghetto. Dieser Teil Cannaregios ist eine eigene, in sich geschlossene Welt. Von hier aus breitete sich die Bezeichnung „Ghetto" für den Zwangswohnbezirk von Juden rasch in ganz Europa aus. Die Bezeichnung kommt von den Kanonengießereien, die ursprünglich in diesem Stadtbezirk lagen: Den Fluss des geschmolzenen Metalls nannte man „ghetto" oder „getto".

Heute leben wieder etwa 450 Juden in der Stadt, die meisten von ihnen außerhalb des Ghettos. Sie sind die Hüter eines einzigartigen Schatzes von **fünf Synagogen aus dem 16. Jh.** – etwas Vergleichbares gibt es wohl nirgends sonst auf der Welt.

Im **Ghetto Vecchio** sind je nach Jahreszeit zwei Synagogen am Campo delle Scuole mit Führungen zu besichtigen. Im **Ghetto Nuovo** liegt in der Nordost-Ecke das niedrige Altersheim. Bronzetafeln eines litauischen Künstlers erinnern an die Deportationen, rechts davon stehen die Namen der venezianischen Opfer. In Richtung Ghetto Nuovissimo finden sich niedrige Arkaden. An dieser Stelle standen die „Bänke" der Geld-

◁ *Vorseite: Entdeckung in der Ca' d'Oro (s. S. 41)*

◁ *Venedigs jüngstes Bauwerk: die Brücke Ponte della Costituzione*

△ *Einer der Eingänge zum Ghetto*

Kurze Geschichte des Ghettos

Erstmals im 10. Jh. sollen Juden in die florierende Stadt in der Lagune gekommen sein. Sie waren traditionell in ihren wirtschaftlichen Entfaltungsmöglichkeiten massiv eingeengt, da ihnen die Mitgliedschaft in den Zünften verwehrt wurde und sie kein Handwerk ausüben durften. Zudem war ihnen Immobilienbesitz verboten. Im Gegensatz zu den Christen durften sich die Juden aber Geldgeschäften widmen, Zinsen berechnen und als Händler tätig werden. Auch der Arztberuf war ihnen zugänglich. Insbesondere durch die Bankiertätigkeit entstanden vereinzelt große Reichtümer, die meisten Juden aber waren arme kleine Händler. In Venedig lebten sie sicher, Verfolgungen oder Pogrome gab es nie. Sie mussten aber immer wieder Verträge mit dem Senat aushandeln – und für das Recht zu bleiben kräftig bezahlen.

Ab 1500, nach der Vertreibung der Juden aus Spanien und Portugal, wuchs Venedigs jüdische Gemeinde stark an, denn die Stadt war zur damaligen Zeit ein gesuchter Zufluchtsort. Bis 1516 lebten sie über ganz Venedig verteilt, mit Dekret vom 25. März 1516 wurden sie jedoch in das Ghetto eingewiesen. Es liegt auf einer Insel mit damals nur zwei Zugängen, die gut zu bewachen waren und abends versperrt wurden. Vermutlich reagierte die Regierung Venedigs mit dieser Maßnahme auf eine antisemitische Stimmung in der Stadt, die von kirchlicher Seite geschürt wurde.

Das Ghetto N(u)ovo („Neues Ghetto") war bald überfüllt, sodass es 1541 um das Ghetto Vecchio („Altes Ghetto", so genannt wegen der dort gelegenen ältesten Schmelzereien) und 1633 um das Ghetto Novissimo („Neuestes Ghetto") erweitert wurde. Trotzdem blieb für die etwa 5000 Einwohner nur wenig Platz, sodass die Häuser damals bis zu 10 Stockwerke hoch gebaut wurden – und das bei einer extrem niedrigen Geschosshöhe von etwa 1,60 Meter.

wechsler und verleiher. Rechts vom Durchgang zum **Ghetto Nuovissimo** geht es ins **Museo Ebraico** (s. S. 42), wo sehr empfehlenswerte Führungen durch das Ghetto und durch zwei der Synagogen angeboten werden. Ein gut sortierter Buchladen ergänzt das Angebot.

Im Ghetto Nuovo liegt die **Scuola Grande Tedesca.** Sie ist eine der ältesten erhaltenen Synagogen des deutschen Judentums (1528). Die aschkenasische (ostjüdische) Scuola del Canton (1531/32) liegt rechts vom Museo Ebraico. Daneben liegt die Scuola Italiana aus dem Jahre 1575.

❸ Madonna dell'Orto ★★★ [E1]

Der Name der Kirche geht zurück auf den Fund einer Madonnen-Statue im Jahr 1377, die in einem der dortigen Gemüsegärten vergraben war. Madonna dell'Orto ist die Grabeskirche von Jacopo Robusti, genannt Tintoretto, der eine Vielzahl von Meisterwerken in Venedig schuf. Der Name von Tintorettos Hauskirche („Madonna im Gemüsegarten") erinnert an die zahlreichen Gärten, die hier in früheren Zeiten das Stadtbild dominierten.

Venedig entdecken
Christen und Juden: Cannaregio

> **EXTRAINFO**
>
> **Chorus-Pass:**
> **der Schlüssel zu 16 Kirchen**
>
> **16 Kirchen** Venedigs haben sich in der Initiative **Chorus** zusammengeschlossen. Um sie besichtigen zu können, wird Eintritt verlangt, der dem Erhalt der Kirchen zugutekommt. Der für alle 16 Kirchen gültige **Chorus-Pass** kann vor Ort erworben werden, er kostet 10 € (ein Jahr gültig). Wer nur wenige Kirchen besuchen möchte, zahlt pro Kirche 3 € Eintritt. Auf der Homepage (s. u.) kann man zu jeder Kirche eine **detaillierte englische Beschreibung** inkl. Plan als PDF-Dokument herunterladen. Kirchen, die Teil von Chorus sind, werden in diesem CityTrip mit CHORUS markiert. Die meisten anderen Kirchen Venedigs kann man kostenlos besichtigen. Dank Chorus gibt es wenigstens in den 16 Kirchen übersichtliche und einheitliche **Öffnungszeiten:** Mo.–Sa. 10–17 Uhr, geschlossen (für Besichtigungen) sonntags, 1. Januar, Ostern, 15. August, 25. Dezember.
> › www.chorusvenezia.org

Die hohe Backsteinfront der Kirche **gehört zu den prächtigsten spätgotischen Fassaden** Venedigs. Stilelemente von der Romanik über die Gotik bis zur Renaissance zeugen von der langen Entstehungsgeschichte des Sakralbaus. Ungewöhnlich ist der Glockenturm aus dem 15. Jh. mit einer Zwiebelkuppel. In den Dachschrägen der Seitenschiffe stehen die zwölf Apostel.

Die Kirche enthält **viele Gemälde von Tintoretto**. Besonders hervorzuheben ist Tintorettos Werk „Tempelgang Mariens" von 1552, das sich über der Tür zur St.-Maurus-Kapelle rechts neben dem Altar befindet. In der Maurus-Kapelle findet sich u. a. die Statue der Madonna dell'Orto aus dem 14. Jh. Die Hauptapsis ist mit mehreren bedeutenden Gemälden Tintorettos ausgestattet.

› Cannaregio 3520, Campo della Madonna dell'Orto, CHORUS (s. S. 61)

❹ Campo dei Mori ★ [E2]

Der Maler **Tintoretto** wohnte und starb (am 31. Mai 1594) im Haus Cannaregio 3399, nicht weit von Madonna dell' Orto entfernt, am Campo dei Mori, genauer an der Fondamenta dei Mori. Am Platz und entlang der Fondamenta dei Mori findet man **Figuren mit Turbanen**. In ihnen verewigten sich die Handelsleute Rioba, Sandi und Afani Mastelli. Der vierte

△ *Die Kirche Madonna dell'Orto beeindruckt mit einer der prächtigsten spätgotischen Fassaden Venedigs*

Christen und Juden: Cannaregio

„Mohr", der in einer Nische hinter einer Ecke von Tintorettos Haus steht, soll der treue Diener der Familie Mastelli sein.

Der Bruder Rioba – der Name ist neben seinem Kopf eingemeißelt – ist leicht an seiner metallenen Nase zu erkennen, die ihm im 19. Jh. verpasst wurde. In der Walpurgisnacht 2010 wurde dem Mohren der Kopf abgeschlagen und entwendet. Wenige Tage danach wurde er in einer benachbarten Gasse wiedergefunden. Jetzt sitzt er wieder auf dem Hals, nur eine „Narbe" erinnert an den Akt der Vandalen.

Auf dem Campo dei Mori finden sich einige „Mohren" mit Turbanen, hier Bruder Rioba mit seiner metallenen Nase

❺ Jesuitenkirche (Chiesa dei Gesuiti Santa Maria Assunta) ★★ [G3]

In Venedig durften sich Jesuiten erst ab 1657 niederlassen, dann aber taten sie es mit gewohntem Prunk in der Chiesa dei Gesuiti Santa Maria Assunta. Die **gewaltige, vorspringende Fassade** sprengt etwas den Rahmen venezianischer Architektur. Betritt man den Innenraum der 1730 gebauten Kirche, so stockt einem der Atem. Dies nicht so sehr wegen der Pracht der Architektur, sondern wegen der Auskleidung der gesamten Kirche an Wänden und Säulen mit brokatartigen Mustern in weißem und grünem Stein. Was wie Teppiche und Tapeten aussieht, sind tatsächlich **Intarsien aus Stein**. Selbst die Altarstufen täuschen das Auge: Ein Läufer scheint sich über sie zu ziehen – doch auch er ist Stein. Luxus in Steinform war immer ein Zeichen der Jesuiten.

Höhepunkt der Ausstattung ist das Altarblatt des letzten Seitenaltars links, **Tizians „Laurentius-Martyrium"** aus den Jahren 1556 bis 1559, eine Marterszene im nächtlichen Dunkel. In der Sakristei neben dem Altar links hängt ein Abendmahl-Zyklus von Palma d. J.

› Cannaregio 4880, Salizzada dei Specchieri, Eintritt frei, tägl. 10–12 und 16–18 Uhr

❻ Santa Maria dei Miracoli ★★ [G4]

Die kleine Kirche steht isoliert wie eine Schmuckschatulle am Ufer eines kleine Kanals. Sie wurde 1481 bis 1489 von Pietro Lombardo und seinen Söhnen für ein angeblich wundertätiges Madonnenbild aus dem Jahre 1408 errichtet, das heute auf

Viele Facetten erleben: Castello

Der Stadtteil Castello ist der größte und facettenreichste der sechs Sestieri. Er vermittelt extrem unterschiedliche Eindrücke von seinen Bewohnern, seinem städtischen Leben, von Architektur und kunstgeschichtlichen Schätzen.

Das Arsenal ist ein interessanter industrieller Bezirk. Um den Rio terà Garibaldi und in der Umgebung von San Pietro di Castello wird Venedig an seinen Ausläufern zur **Fischer- und Arbeiterstadt**. Ein völlig andersartiger Eindruck bietet sich wiederum am Biennale-Gelände. Gesichtslos ist dagegen der östliche Zipfel Venedigs, Sant'Elena, mit Mietskasernen und ohne Wasserstraßen.

dem Hochaltar der Kirche steht. Sie ist die **schönste Saalkirche der italienischen Frührenaissance**.

Der Bau steht, wenngleich eng, so doch – für Venedig ungewöhnlich – rundum frei und kann von zwei Brücken aus gut betrachtet werden. Im Inneren folgt auf den etwas dunklen Saal der lichte **Chorraum** mit kristalllähnlichem Aufbau. Der Chor liegt 14 Stufen erhöht, in Erinnerung an den Tempelgang Mariens. Hier konzentrieren sich Licht und Farbspiel der verschiedenen Steine, die in die Wände eingelegt sind, und das Dekor von Pilastern, Kapitellen, Balustrade und Altareinfassung. Darüber erhebt sich ein Tonnengewölbe mit hölzernen Kassetten, in denen Propheten und Heilige dargestellt sind, die man mit einem rollenden Spiegel bewundern kann.

› Cannaregio 6074, Campo dei Miracoli, CHORUS (s. S. 61)

Verstecktes Kleinod am Ufer eines Kanals: Santa Maria dei Miracoli

❼ Santi Giovanni e Paolo ★★★ [H4]

Die Basilika SS. Giovanni e Paolo, venezianisch „San Zanipolo" genannt – beide Heiligennamen werden hier auf venezianische Art zu einem Wort zusammengezogen –, ist die Klosterkirche der Dominikaner. Sie ist ein gewaltiger Backsteinbau mit unvollendeter Fassade, die von einem Marmorportal dominiert wird und in der Elemente der Gotik (Spitzbogen) und der Renaissance (freistehende Säulen) vereint sind. San Zanipolo bildet mit der benachbarten Scuola di San Marco und dem Reiterstandbild des Colleoni ein eindrucksvolles und harmonisches Ensemble, das durch die schönen Wohnhäuser um den Campo und am Rio zusätzliche Abrundung erfährt. Ab dem 14. Jh. endeten hier die prachtvollen Begräbnisprozessionen für die Dogen.

Viele Facetten erleben: Castello

Die Kirche entstand im Wesentlichen im 14. Jh., während einzelne Partien wegen finanzieller Schwierigkeiten erst im 15. Jh. vollendet wurden. Dem Armutsideal der Dominikaner entsprechend ist sie weitgehend schmucklos, glänzt jedoch durch ihre **Ausstattung mit Dogengräbern**. San Zanipolo ist eine der großen Grabstätten Venedigs, 27 Dogen fanden hier ihre letzte Ruhestätte. Sie wird daher – neben der Frari-Kirche ㉘ – auch mit dem Titel „Pantheon von Venedig" geadelt.

Die Grabdenkmäler gehören zu den bedeutendsten Werken europäischer Architektur und Plastik. Gleich rechts vom Eingang beeindruckt das **Grab von Pietro Mocenigo** (von 1481) dadurch, dass der Doge nicht auf seinem Sarkophag liegt, sondern energisch blickend auf ihm steht. Es wurde von Pietro Lombardo und seinen Söhnen Tullio und Antonio aus Carrara-Marmor geschaffen. Die gesamte Innenseite der Fassade über dem Eingang wird vom **Mausoleum des Dogen Alvise Mocenigo** und seiner Frau eingenommen.

An der rechten Seite liegen die sterblichen **Überreste von Marcantonio Bragadin**, dem 1571 nach dem Fall Famagustas, der letzten venezianischen Zitadelle auf Zypern, von den Türken bei lebendigem Leibe die Haut abgezogen wurde. Seine Haut konnte schließlich aus Istanbul entwendet und hier in einer Urne beigesetzt werden. Rechts neben der Cappella di San Domenico (Hinweistafel) füllt ein **pompöses Mausoleum** der Dogen Bertuccio und Silvestro Valier sowie der Dogaressa Elisabetta Querini nahezu die ganze Wand. Die drei posieren wie Theaterdarsteller vor einem Vorhang. Es ist Venedigs jüngstes und zugleich monumentalstes Dogengrab.

In der Apsis beeindrucken drei Dogenmonumente: rechts das **Grab Michele Morosinis** (gest. 1382), daneben das **Grabmal für Leonardo Loredan** (gest. 1521). Das erst 1572 fertig gestellte Monument zeigt den letztgenannten Dogen zwischen zwei weiblichen Allegorien der Venezia (links) und der Liga von Cambrai (rechts) sitzend und zwischen ihnen vermittelnd. Auf der linken Seite erblickt man das **Monument für Andrea Vendramin** (gest. 1478), von Tullio, Pietro und Antonio Lombardo ausgeführt, eine der vollendetsten Schöpfungen der venezianischen Renaissance. Unter einem Triumphbogen liegt der Doge auf einer von zwei Adlern und einem geflügelten Rad gestützten Bahre.

Links von der Apsis geht es in die **Cappella del Rosario**, die von der Rosenkranzbruderschaft 1582 als Votivkapelle in Erinnerung an den Seesieg bei Lepanto von 1571 angelegt wurde. Ursprünglich war sie mit Werken von Tintoretto und Palma ausgestattet, diese fielen jedoch 1867 einem Brand zum Opfer. Anfang des 20. Jh. wurde sie mit **Veronese-Bildern** einer anderen, säkularisierten Kirche geschmückt.

› Castello, Campo Santi Giovanni e Paolo, Mo.–Sa. 9.30–18 Uhr, So. 13–18 Uhr, Eintrittsgebühr

❽ Scuola Grande di San Marco und Standbild Colleonis ★★ [H4]

Im rechten Winkel zur Kirchenfassade liegt am Campo Santi Giovanni e Paolo die ehemalige Scuola Grande di San Marco. Nach einem Brand 1485 wurde sie in der heutigen Gestalt wieder aufgebaut, u.a. von der Lombardi-Familie (Pietro als Architekt, Tullio gestaltete die Reliefs des

Viele Facetten erleben: Castello

EXTRATIPP

Mit Brunetti durch Venedig

Die **Scuola Grande di San Marco** ist einer der Eingänge zu Venedigs Krankenhaus. Durch das Hauptportal betritt man die alten Räume der Scuola und gelangt dahinter zu einer Gruppe mehrerer Kreuzgänge, wo seit 1809 das **Ospedale civile** untergebracht ist. Auch die Gebäude des Klosters San Zanipolo gehören zum Krankenhaus. Dort werden in Donna Leons Krimis auch die Leichen seziert!

› Wer Brunetti durch Venedig begleiten will, sei verwiesen auf **Toni Sepedas** „Mit Brunetti durch Venedig" (Diogenes Verlag, Zürich). Die Autorin, eine Freundin Donna Leons, begleitet Brunetti durch die Stadt und blickt mit seinen Augen und allen Sinnen auf ihm vertraute Orte. Detaillierte Karten lassen die 13 Touren greifbar werden.

› Der Diogenes-Verlag präsentiert im Netz einen **interaktiven Brunetti-Stadtplan**: www.diogenes.ch/media/public/venedig/index.html

› Zwei Brunetti-Fans haben zahlreiche **Krimi-Spaziergänge** veröffentlicht, die auf ca. 2-stündigen Wanderungen Brunettis Spuren durch Venedig verfolgen. Ebenfalls im Angebot: eine Vaporetto-Tour, auf der man bequem vom Linienschiff aus die Hauptschauplätze der Romane an sich vorbeiziehen lassen kann. Wem das nicht genügt, der kann auch zu dem 200-seitigen Buch „**Auf den Spuren von Commissario Brunetti**" der beiden Autoren Hoffmann und Heinrich greifen. Zu bestellen unter www.brunettistadtplan.de

› Castello 6776, Fondamente dei Mendicanti. Nur von außen zu besichtigen, sie dient als Haupteingang zum Krankenhaus.

Auf dem Platz vor Scuola und Kirche steht das dominante **Reiterstandbild Bartolomeo Colleonis**. Grimmig blickt der Söldnerführer von seinem Pferd herab. Das Reiterstandbild, ein **Hauptwerk der italienischen Renaissance** vom Florentiner Andrea Verrocchio, steht ein wenig deplatziert in der Stadt im Wasser. Was hat ein Pferd hier zu suchen? Die Republik war zu Colleonis Zeit reich genug, ein Söldnerheer zu unterhalten, Feldherren wie Colleoni anzuheuern und entsprechend zu bezahlen. Der aus Bergamo stammende Bartolomeo Colleoni, der 1448 in die Dienste Venedigs trat, starb 1475 und hinterließ ein immenses Vermögen. Von diesem vermachte er der Republik 100.000 Gulden – unter der Bedingung, dass sie ihm ein Reiterdenkmal vor San Marco errichte. Ein Denkmal eines Privat-

Erdgeschosses). Die **Fassade** gehört zu den wichtigsten Werken der Frührenaissance in Venedig. Einzigartig für Venedig sind die dortigen Reliefs im Erdgeschoss, die einen perspektivischen Eindruck vermitteln.

Ein Reiterstandbild mitten in der Stadt im Wasser? – Hinter dem Denkmal für Colleoni verbirgt sich eine nette Geschichte.

Viele Facetten erleben: Castello

> **KURZ & KNAPP**
>
> **So viele Schulen in Venedig!?**
> In Venedig begegnet man auf Schritt und Tritt dem Begriff „Scuola". Es handelt sich hier aber nicht um Schulen im heutigen Sinne. Die frühesten venezianischen *Scuole* existierten bereits im 11. Jh. und waren vielmehr Brüderschaften. Ihre Gemeinschaften waren wichtige Träger der religiösen, sozialpolitischen und gesellschaftlichen Strukturen der Stadt. Heute finden sich noch sechs große Schulen, von denen die Scuola Grande di San Rocco ㉙ sicher die bekannteste und bedeutendste ist.

manns vor dem Staatsheiligtum, der Markuskirche, war für die Serenissima natürlich inakzeptabel. Doch man stimmte der Bedingung zu – nicht ohne Hintergedanken. Colleoni starb und die Serenissima errichtete das Standbild vor San Marco, allerdings nur vor der gleichnamigen Scuola – und kassierte das Erbe.

❾ San Francesco della Vigna ★★ [J5]

San Francesco della Vigna ist eine von drei **Franziskanerkirchen** in Venedig (neben der Frari-Kirche ㉘ und San Giobbe). Der Name rührt vom Weingarten *(vigna)* des Dogensohnes Marco Ziani her, der ihn 1253 der franziskanischen Ordensgemeinschaft der Minoriten als Baugrund schenkte. Der heutige Kirchenbau wurde 1534 nach einem Entwurf Jacopo Sansovinos begonnen, die **weiß leuchtende Fassade** aus den Jahren 1568 bis 1572 dagegen ist von Andrea Palladio. Er projizierte hier zum ersten Mal eine Tempelfront auf die Fassade einer christlichen Kirche.

Hier ist dem hl. Markus der Legende nach ein Engel begegnet, als ihn ein Sturm in diese damals öde Gegend verschlagen hatte. „**Pax tibi Marce Evangelista meus**" („Friede sei mit Dir, Markus, mein Evangelist") sollen die Worte des Engels gewesen sein. Sie finden sich auf den meisten Abbildungen des Markuslöwen in das Buch geschrieben, das er mit seiner Pranke stützt.

Wegen seiner Lage inmitten eines früher vom einfachsten Volk bewohnten Viertels ist der große gotische Klosterkomplex mit seinen drei Kreuzgängen einzigartig in der Stadt. Der Innenraum der Kirche zeigt sich franziskanisch schlicht, die Ausstattung jedoch ist reich und enthält zum Teil vorzügliche Werke. Besonders beachtenswert ist die „**Sacra Conversazione**" von **Veronese** im Hauptaltar. Links vom Chor liegt die Cappella Giustiniani mit üppigem Reliefschmuck von Pietro Lombardo von etwa 1500. Die daneben liegende Sakristeitür führt zur **Cappella Santa**, deren Altar ein kostbares Bild von Giovanni Bellini aus dem Jahre 1507 enthält. Die **malerischen Kreuzgänge** laden zum Ausruhen ein.

› Castello 2787, Campo San Francesco della Vigna, tägl. 8–12.30 und 15–19 Uhr, Eintritt frei

> *Als Tourist kann man vom Arsenal leider nur das prächtige Portal bewundern*

Venedig entdecken 67
Viele Facetten erleben: Castello

❿ Scuola Dalmata S. Giorgio degli Schiavoni ★★ [I6]

Die Scuola der Bruderschaft der Slavonier, die in früheren Jahrhunderten bedürftige Seeleute aus ihrer Heimat unterstützten und deren Kinder erzogen, ist ein **künstlerischer Glanzpunkt Venedigs**. Malerisch liegt sie mit ihrer **eleganten Fassade**, auf der sich unter anderem Delfine tummeln, am Rio de Sant' Antonin. Berühmt ist dieses Bruderschaftsgebäude der Dalmatiner (Schiavoni) wegen der **Gemälde Vittore Carpaccios** (1501–1511), die u. a. die Legende des hl. Georg mit dem Drachen sowie Szenen aus dem Leben der Heiligen Hieronymus und Tryphon und des hl. Augustinus darstellen. Die drei sind die Schutzheiligen der Dalmatiner (Slavonier, venezianisch Schiavoni).

› Castello 3259 A, Calle dei Furlani, Di.–Sa. 9.15–13 Uhr und 14.45–18 Uhr, So. 9.15–13 Uhr, Eintrittsgebühr

⓫ Arsenal (Arsenale) ★★ [J6]

Als Venedig ab dem 14. Jh. verstärkt in die Produktion von Kriegs- und Handelsgaleeren einstieg, waren auf dem Arsenal bis zu 16.000 Arbeitskräfte beschäftigt. Sie waren zuständig für Bau, Reparatur und Ausstattung der venezianischen Staatsflotte.

Das 32 Hektar große Gelände ist **heute Militärgelände** und deshalb nicht zugänglich. Nur durch das **prachtvolle Renaissanceportal** kann man ein wenig hineinblicken. Interessant ist die Herkunft der das Tor bewachenden Löwen: Der linke ist ein Beutestück aus dem Hafen von Piräus, auf dem noch sehr schwach norwegische Runeninschriften aus dem Jahre 1040 zu erkennen sind. Der rechte stammt von der Straße zwischen Athen und Eleusis, der kleinere daneben soll von der „Heiligen Straße" auf der Insel Delos kommen. Unter dem Relief des schreitenden Mar-

Viele Facetten erleben: Castello

kuslöwen erinnert eine Inschrift daran, dass die Hälfte der christlichen Flotte, die beim Seesieg von Lepanto im Jahre 1571 gegen die Osmanen zum Einsatz kam, im Arsenal gezimmert worden war.

Das Arsenal kann als **erster Fließbandbetrieb der Welt** angesehen werden. Aus vorgefertigten Teilen wurde hier ein Schiff pro Tag produziert. Es beherbergte auch Waffendepots, Munitionslager und Gießhütten für Eisen und Erz. Das Gelände wurde mit hohen Mauern umbaut und ist nur über zwei Eingänge zu betreten, vom Wasser und vom Land aus. Einst war ganz Castello vom Arsenale geprägt. So waren die Bäckereien des Stadtteils vor allem mit der Produktion von Schiffszwieback beschäftigt und ganze Viertel wurden planmäßig als Matrosenquartier angelegt.

⑫ Biennale-Gelände ★★ [L9]

Hinter der Parkanlage der Giardini Pubblici liegt das Biennale-Gelände. Es ist ein **einzigartiges Ensemble moderner Architektur** mit Pavillons verschiedener Nationen, die von **berühmten Architekten** wie Alvar Aalto, Carlo Scarpa oder Gerrit Thomas Rietveld entworfen wurden.

Die Biennale d'Arte ist eine der berühmtesten internationalen Kunstausstellungen (s. S. 13). Sie wurde 1895 vom Bürgermeister Venedigs, Riccardo Selvatico, anlässlich der silbernen Hochzeit des italienischen Königspaares ins Leben gerufen.

› Das Pavillon-Gelände ist zu den alle zwei Jahre stattfindenden Kunst-Biennalen zugänglich.

Das malerische Viertel rund um die Kirche San Pietro in Castello

⑬ San Pietro in Castello ★★ [M6]

Die Kirche San Pietro in Castello war früher eine **beliebte Hochzeitskirche** der Venezianer. Das geht höchstwahrscheinlich zurück auf einen Brautraub durch istrische Piraten im Jahre 941, bei dem es den Venezianern gelang, diesen die Beute wieder abzujagen. An das Ereignis erinnerte die Republik alljährlich mit der Verheiratung von zwölf Bräuten auf Staatskosten, den sogenannten „zwölf Marien". Diese Tradition wird auch in heutiger Zeit während des Karnevals aufgegriffen, indem man zwölf prächtig gekleidete junge Damen zum Markusplatz trägt.

San Pietro in Castello ist die **alte Bischofskirche der venezianischen Patriarchen**, die erst 1807 nach San Marco übersiedelten. Vor der Kirche liegt ein stiller, stimmungsvoller Platz, der beherrscht wird vom **eindrucksvollen Campanile**, den Mauro Codussi 1490 vollendete. Er gilt als der schönste Turmbau der italienischen Frührenaissance. Der Kirchenfassa-

Viele Facetten erleben: Castello

de liegen später modifizierte Pläne Andrea Palladios zugrunde. Im Inneren besonders wichtig: der **Sitz des hl. Petrus**, die Cattedra di San Pietro, ein Marmorthron aus Antiochien mit islamischen Skulptur- und Inschriftfragmenten an der Rückenlehne.
> Castello, Campo San Pietro, CHORUS (s. S. 61)

⓮ San Zaccaria ★★ [H6]

Die Kirche wurde erstmals Mitte des 10. Jh. gebaut. Aus dieser Zeit existiert noch eine (heute meist unter Wasser stehende) Krypta unter der Cappella di San Tarasio. Der Kirchturm (Campanile) rechts der Fassade stammt aus dem 12. Jh. Die **herrliche Fassade** von San Zaccaria ist eine der am reichsten gegliederten der venezianischen Frührenaissance. Sie ist mehrstöckig und fast vollständig mit Marmor verkleidet.

Ungewöhnlich ist die **Choranlage** mit Umgang und fünf Chorkapellen, die bedeutendste der Frührenaissance in Norditalien. Ein Gemälde unter der Vielzahl von herausragenden Werken in der Kirche ist von besonderer Bedeutung: das **Altarbild** im zweiten Altar des linken Seitenschiffes **von Giovanni Bellini** (1505). Es ist im Sinne einer *sacra conversazione* als thronende Muttergottes mit Kind und den Heiligen Petrus, Lucia, Katharina und Hieronymus gestaltet. Bellinis kunstgeschichtlich herausragendes Werk zeichnet sich insbesondere durch die intensive Farbgebung aus. Bedeutend ist das Bild auch durch seine gemalte Architektur, die nicht nur Hintergrund ist, sondern Bezug zur Architektur der Kirche nimmt.
> Castello 4693, Campo San Zaccaria,
> Mo.–Sa. 10–12 und 16–18 Uhr,
> So. 16–18 Uhr, Eintritt frei

⓯ Santa Maria Formosa ★★ [H5]

Den Namen der Kirche umrankt eine **Legende:** Im Jahre 639 soll dem hl. Magnus die Muttergottes in Form einer wohlgeformten (venezianisch: *formosa*) Frau erschienen sein. Sie befahl ihm, dort, wo er eine weiße Wolke über einer Insel schweben sehe, eine Kirche zu bauen. In der Tat gehört die Gegend um Santa Maria Formosa zu den am frühesten besiedelten Gebieten der Stadt.

Wichtigstes Kunstwerk im Inneren ist der **Altar der hl. Barbara von Jacopo Palma d. Ä.** im rechten Querhaus, der aus sechs Bildern besteht (1510). In der Kirche hatten viele Scuole (Bruderschaften) und Zünfte ihre Altäre, u. a. auch die Scuola dei Bombardieri, der Büchsenmacher, deren Schutzheilige Barbara ist.
> Castello 5267, Campo Santa Maria
> Formosa, CHORUS (s. S. 61)

⓰ Palazzo Grimani ★★ [H5]

Der Palazzo ist ein **Kleinod venezianischer Palastarchitektur,** das nach 25 Jahren Restaurierung 2008 endlich als Museum wiedereröffnet worden ist. Der von außen unscheinbare Bau wurde im 16. Jh. für Giovanni Grimani, den Patriarchen von Acquileia, errichtet und von den Nachkommen seines Bruders Vettor bis in das 19. Jh. bewohnt. Zu sehen ist die **prachtvoll erhaltene Innenausstattung** der Renaissance mit der festlichen Stuckdekoration, die sich an antiken römischen Vorbildern orientiert.
> Museo di Palazzo Grimani, Castello
> 4858, Ramo Grimani, Haltestelle „San Zaccharia", www.palazzogrimani.org,
> Mo. 9–14 Uhr, Di.–So. 9–19 Uhr,
> 25.12. u. 1.1. geschl.

Das Zentrum von Macht und Pracht: San Marco

Das Zentrum von Macht und Pracht: San Marco

Das Sestiere San Marco ist nicht nur der geistige und politische Mittelpunkt Venedigs, sondern durch seine Lage auch das Zentrum der Stadt. Es ist ein Sestiere mit vielen feinen Adressen an Hotels und Restaurants und einer großen Zahl exklusiver Geschäfte. Doch auch dann, wenn man nichts kaufen will, macht das Flanieren und Schauen Spaß und vermittelt einen guten Eindruck von dem, was Venedig über Jahrhunderte war: die Hauptstadt des Luxus in der damals bekannten Welt.

◹ *Napoleon nannte den Markusplatz den „schönsten Salon Europas"*

17 Markusplatz (Piazza San Marco) ★★★ [G6]

Der Markusplatz ist das Herz des Stadtteils San Marco, aber auch der gesamten Stadt. Was auf der Piazza in früheren Jahrhunderten los war, zeigen alte Gemälde. In der Spätzeit der Republik, als die Stadt längst ihre Macht verloren hatte und zur Hauptstadt des Vergnügens geworden war, gab es allein 24 Cafés rund um den Platz.

Die Platzanlage, die gemeinhin **Piazza San Marco** genannt wird, folgt dem in Venedig häufig anzutreffenden **Grundriss eines „L"**. Dabei setzt sich die Platzanlage aus verschiedenen Plätzen zusammen: Das große Trapez vor der Fassade der Markuskirche ist der einzige **Piazza** genannte

Das Zentrum von Macht und Pracht: San Marco

Platz der Stadt. Er wird eingefasst von den Arkadengängen der alten (Nord) und neuen (Süd) **Prokuratien**.

Der kurze Schenkel des L-förmigen Platzes vor dem Dogenpalast nennt sich **Piazzetta**, Plätzchen. Die Piazzetta war bis ins 12. Jh. Hafenbecken. Eine zweite Piazzetta, die **Piazzetta dei Leoncini**, betritt man zwischen Uhrturm ㉑ und Markuskirche ⑱. Im Kreuzungspunkt zwischen den beiden Platzachsen erhebt sich der mächtige, 95 m hohe **Campanile** ⑲, der Kirchturm von San Marco.

Auf der Piazzetta fallen die beiden riesigen **Granitsäulen** auf, Monolithen aus dem Orient. Sie wurden in Venedig als Herrschafts- und Gerichtssymbol aufgestellt, zwischen ihnen befand sich einst der Hinrichtungsplatz. Deshalb geht auch heute noch kein Venezianer zwischen ihnen hindurch – sie sind abergläubisch. Die Säulen von 1172 tragen eine eigenartige Bekrönung: Die Figur auf der linken Seite erscheint als **geflügelter Löwe** und dadurch als Markus-Symbol. Doch die Flügel und das Buch der Tierfigur, einer Chimäre, sind spätere Zutat. Auf der rechten Säule steht der hl. Theodor, der vor dem hl. Markus Stadtpatron war und von den Venezianern **Todaro** genannt wird. Das Ufer vor den Säulen nennt sich **Molo**. In früheren Jahrhunderten lagen hier unzählige Handelsschiffe vor Anker, heute schaukeln nur noch Gondeln im Wasser.

Zwischen Dogenpalast und Markuskirche ist eine Gruppe von vier Männerfiguren als roter Porphyr-Block in die Wand eingelassen. Die vier werden als **Tetrarchen** interpretiert, als Kaiser Diocletian und seine drei Mitkaiser. Nach einer venezianischen Legende sollen es aber vier Diebe sein, die den Schatz des hl. Markus rauben wollten und dabei zu Stein wurden.

⑱ Markuskirche (Basilica di San Marco) ★★★ [G6]

Die Basilica di San Marco ist das wichtigste Bauwerk der Stadt und ein unvergleichliches Gesamtkunstwerk. Hier ist das Venedig der Republik immer noch am präsentesten.

Die Geschichte von San Marco beginnt mit der sogenannten „**Translatio**", der „Überführung" des Leichnams des **Apostels Markus** durch zwei venezianische Kaufleute von Alexandria nach Venedig in den Jahren 828 bis 829. Der Legende nach soll dieser unter Schweinefleisch verborgen gewesen sein, das den islamischen Zöllnern als unrein galt und deshalb unberührbar war.

Die erste Markuskirche bestand, wie auch der Dogenpalast dieser Zeit, aus Holz. Beide brannten 976 zusammen mit etwa 400 Häusern nieder. Den danach errichteten Bau aus Stein brach man im 11. Jh. ab,

EXTRAINFO: Olivettis Wiederbelebung

Kann ein Schreibmaschinenladen ein Kunstwerk sein? Ja, wenn er von **Carlo Scarpa** in Szene gesetzt worden ist. Der 1958 geschaffene Olivetti-Ausstellungsraum am Markusplatz ist nach jahrelanger Schließung und zweijähriger Renovierung wieder zu besichtigen. Ein **architektonisches Prachtstück** unter den Prokuratien, dezent bestückt mit museumsreifen Schreibmaschinen (Eintrittsgebühr).

📍146 [G6] **Negozio Olivetti**, Piazza San Marco 101, www.negoziolivetti.it

Das Zentrum von Macht und Pracht: San Marco

übrig blieb nur die Krypta. Ab 1063 entstand der Bau der dritten Markuskirche. Sie wurde 1094 fertig gestellt, dem Jahr der Wiederauffindung der seit dem Brand von 976 verschollenen Markusreliquien.

Die **zweigeschossige Hauptfront** ist mit kunstvollen Mosaiken ausgestattet. Besonders erwähnenswert ist die **Porta di S. Alippio**, die nördlichste Nische. Sie zeigt im Mosaik von 1265 den Augenblick, in dem der Leichnam des hl. Markus in die Kirche getragen wird. Darauf erkennt man sehr gut den Zustand der Kirche im 13. Jh.

In die Kirche gelangt man durch Vorhallen über einen wunderschönen **Fußboden aus vielfarbigen Marmorstücken** aus dem 11. Jh. Die Themen der Mosaiken auf Kuppeln und Wänden der Vorhalle stammen aus dem Alten Testament. Die Architektur des **Inneren** der Kirche ist aus dem 11. Jh., die Marmorverkleidung und die Mosaiken stammen vor allem aus dem 12. bis 14. Jh. Fünf Kuppeln auf mächtigen Pfeilern sind in Form eines griechischen Kreuzes angeordnet, wobei in den östlichen Arm dieses Kreuzes die dreiteilige Choranlage „eingeschoben" ist. 4240 Fläche sind mit **Mosaiken** bedeckt. Der bedeutendste Teil der Mosaiken findet sich im Langhaus mit der „Pfingstkuppel" im Westen und „Himmelfahrtskuppel" über der Vierung.

Von der üppigen Ausstattung der Markuskirche soll hier nur die **Pala d'Oro** genannt werden, das kostbarste Einzelstück Venedigs, hinter dem Baldachinaltar im Presbyterium über dem Sarkophag des hl. Markus. Dieser 3,45 x 1,40 Meter große Altaraufsatz ist mit zahlreichen miniaturartigen Goldemails aus verschiedenen Epochen (10.–14. Jh.) sowie 526 Perlen und 1401 Edelsteinen geschmückt.

› San Marco, Piazza San Marco, www.basilicasanmarco.it, Markuskirche tägl. 10–16.45 Uhr, Eintritt frei, Pala d'Oro und Tesoro: Mo.–Sa. 10–17 Uhr, So. 14–17 Uhr, Eintrittsgebühr.

⓭ Kirchturm von San Marco (Campanile di San Marco) ★★★ [G6]

Der Kirchturm der Markuskirche, der Campanile, ist seit langer Zeit **Herrschafts- und Wahrzeichen der Republik.** Als Bekrönung blickt die Statue des Erzengels Gabriel seit 1517 von der Turmspitze herab auf das Gewimmel des Platzes. Italienische Kirchtürme stehen immer in gebührendem Abstand zur Kirche, und das sollte sich in Venedig als besonders glücklicher Umstand erweisen, denn am 14. Juli 1902 fiel der Turm in sich zusammen. Erst zehn Jahre später wurde er wiedereröffnet. Vom Turm aus hat man einen **herrlichen Blick** über Stadt und Lagune, den man nicht verpassen sollte!

› San Marco, Piazza San Marco, tägl. je nach Jahreszeit zwischen 9.30 oder 9.45 und 16 Uhr bzw. im Sommer auch bis 19 oder 21 Uhr. Die Eintrittsgebühr ist der Blick auf jeden Fall wert. Aufzug!

EXTRATIPP

Ohne Gepäck in die Basilika
Größere Rucksäcke und Handtaschen dürfen nicht mit in die Markuskirche genommen werden. Die Entscheidung darüber liegt allerdings im Ermessen des Personals. Eine **gratis Gepäckaufbewahrung** gibt es schräg gegenüber dem Seiteneingang der Kirche im Ateneo San Basso in der Calle San Basso (zwischen den beiden Glasläden von Venini und La Coupole gelegen).

Das Zentrum von Macht und Pracht: San Marco

⑳ Dogenpalast
(Palazzo Ducale) ★★★ [G7]

Das neben der Markuskirche zweite dominierende Gebäude am Markusplatz ist der Palazzo Ducale, der Dogenpalast. Er ist die Verkörperung des venezianischen Staates in seiner Macht, Kraft und Schönheit.

Der Dogenpalast ist mit San Marco durch die **Porta della Carta**, den Durchgang zum Hof des Palastes, verbunden. Der Name „Papierpforte" leitet sich vom Marktgeschehen, das früher hier stattfand, oder von der gegenüberliegenden Bibliothek ab, von der die Gelehrten mit ihren Papieren in den Dogenpalast kamen. Die Porta ist ein Hauptwerk des **Übergangsstils zwischen Gotik und Renaissance**. Über der mächtigen Tür fällt das große Fenster auf, über dem die Büste des segnenden Markus steht. Darüber prangt ein Giebel mit schäumender Verzierung, an dessen Spitze Justitia steht. Wichtiger ist der **vor dem Markuslöwen kniende Doge** Francesco Foscari direkt über dem Durchgang: Sinnbild für die untergeordnete Funktion des Dogen gegenüber dem Staatsgebilde (symbolisiert durch den Markuslöwen).

Im Erdgeschoss zeigt der Dogenpalast eine **Arkadenhalle** mit 36 kräftigen Säulen, die heute etwa 40 Zentimeter tief im Pflaster stecken. Der Palast wirkte früher höher und wohl auch besser proportioniert als heute. Gekrönt sind die Säulen von achteckigen Kapitellen mit reichem plastischem Schmuck.

☐ Vom Turm der Kirche San Giorgio Maggiore ㊳ aus hat man einen wunderbaren Blick auf den Dogenpalast

Das Zentrum von Macht und Pracht: San Marco

Den Palasthof und damit den gesamten zu besichtigenden Komplex betritt man heute durch die **Porta della Paglia**, am Wasser gelegen, neben der man die Brücke Ponte della Paglia und dahinter die **Seufzerbrücke** sieht, über die die Verurteilten in ihre Verliese im Gefängnis *(prigioni)* nebenan gehen mussten.

Im Inneren des Palasthofs dominiert die **Gigantentreppe** (Scala dei giganti), benannt nach den beiden Kolossalstatuen Jacopo Sansovinos, die die römischen Götter Neptun und Mars darstellen. Auf dem oberen Podest der Treppe wurden ab 1485 die Dogenkrönungen vollzogen. Gegenüber der Porta della Carta steht als Gegenstück der **Arco Foscari**, eine zweigeschossige Triumphbogenarchitektur (1462–1471) mit Statuen von Adam und Eva.

Im Ostflügel führt die **Scala d'Oro**, die Goldene Treppe, zu den Dogengemächern im zweiten Stock und zu Amts- und Empfangsräumen im dritten Stock. Im zweiten Stockwerk liegt die **Sala del Maggior Consiglio**, der Saal des Großen Rates, ein Riesenraum von 54 x 25 x 15,40 Metern. Der **Große Rat** war der eigentliche und oberste Machthaber der Republik. In dem Saal wurde u. a. der Doge gewählt oder auch wieder abgesetzt.

Wesentlich für die Raumwirkung sind die **herrliche Kassettendecke** mit 35 Bildern, ein Himmel aus Farben und Gold. In der Decke ist besonders das Mittelbild von Tintoretto interessant, „Venezia reicht dem Dogen Nicolò da Ponte einen Ölzweig", sowie ein ovales Bild von **Palma d. J.**, „Venedig empfängt die Provinzen". Im Fries unterhalb der Decke finden sich paarweise angeordnete **Dogenbildnisse**. Besonders interessant: Ein Bild ist schwarz übermalt. Es steht für den 1355 wegen Hochverrats hingerichteten Dogen Marino Falier.

Über dem Dogenthron hängt die Sensation des Raumes: das mit 7 x 22 Metern **größte Ölgemälde der Welt**, das „Paradies" von Tintoretto. Vor Christus kniet seine Mutter in Erwartung ihrer Krönung. Um diese Gruppe halbkreisförmig aufgereiht (und nach ihrer „Bedeutung" geordnet) von innen nach außen: Engel, Heilige und Selige.

Im gleichen Stockwerk führt der Weg über die **Seufzerbrücke** in den Zellentrakt des Palazzo dei Prigioni, des Gefängnisses. Im dritten Stockwerk befinden sich zahlreiche kleinere Räume, so zum Beispiel die **Sala delle Quattro Porte** und das **Anticollegio**, also der Warteraum (vor dem Tagungsraum des Regierungsgremiums) mit wunderschönen Gemälden Veroneses (Deckenmitte) und Tintorettos (seitlich der Türen).

Die **Sala del Collegio** ist ein besonders prachtvoller Raum. Das Collegio war der venezianische Staatsrat (auch „Signoria" genannt). Die Decke der Sala schmücken bedeutsame Gemälde Veroneses („Mars und Neptun", „Der christliche Glaube", „Venetia zwischen Justitia und Pax"), an den Wänden hängen Votivbilder verschiedener Dogen.

EXTRAINFO

Toilettenbesuch gut planen!

Toiletten – meist mit Schlange davor – gibt es im Dogenpalast nur im Erdgeschoss vor Beginn des Rundgangs. Daher sollte man einen Toilettenbesuch gut vorausplanen!

Für eine kleine Pause gibt es im Erdgeschoss des Dogenpalastes eine nette Cafeteria mit Blick auf den Kanal unter der Seufzerbrücke.

Das Zentrum von Macht und Pracht: San Marco

In der **Sala del Senato** wurden z. B. die Gesetze verabschiedet. Auf der anderen Seite der Sala delle Quattro Porte befindet sich die Sala del Consiglio dei Dieci, das oberste Verfassungsschutzamt. Jegliche Informationsquelle wurde genutzt, auch die der geheimen Denunziationen, für die eigene Briefkästen *(bocca di leone)* eingerichtet waren. Nebenan liegt die Sala della Bussola und weiter die Sala d'Armi mit umfangreichen Waffensammlungen.

› San Marco 1, Piazzetta San Marco, www.museicivicivenziani.it, April bis Oktober 9 – 19 Uhr, November bis März 9 – 17 Uhr, Kasse schließt 1½ Stunden früher, 25.12. und 1.1. geschlossen, Audio-Guide erhältlich

㉑ Uhrturm (Torre dell'Orologio) ★★ [G6]

Neben dem Campanile der zweite Turm des Platzes ist der Torre dell'Orologio, der Uhrturm. Er diente früher Seefahrern, die vom Markusplatz aus lossegelten, als zeitliche Orientierung. Zwei Bronze-„Mohren", die eigentlich zwei Riesen sind, schlagen auf dem Turm über dem Eingang zur Merceria die Stunden. Das **Uhrwerk** stammt noch aus dem 15. Jahrhundert.

Interessant ist das **Ziffernblatt** der großen, astronomischen Uhr. Es ist aus Lapislazuli gefertigt und zeigt die Mond- und Sonnenphasen sowie die Tierkreiszeichen an. Durch den Turm, der 1496 bis 1499 von Mauro Codussi errichtet wurde, wird die Einmündung in die lebhafte Einkaufsgasse der Merceria betont.

Auf dem Uhrturm am Markusplatz schlagen zwei Riesen die Stunden

Der Turm kann während einer Führung bestiegen werden. Von oben hat man einen ungewöhnlichen Blick an den „Mohren" und erfährt alles über das aufwendig restaurierte Uhrwerk. **Achtung:** Im Inneren des Turms ist es eng und man muss steile Treppen erklimmen – nichts für Menschen mit Klaustrophobie oder Gehbehinderung. Für Kinder erst ab 6 Jahren möglich.

› San Marco, Piazza San Marco, www.torreorologio.visitmuve.it, geöffnet bei Führungen, nach Anmeldung unter Tel. 848082000 (Callcenter), auf Italienisch tägl. 12 und 16 Uhr, auf Englisch Mo.–Mi. 10 und 11 Uhr, Do.–So. 14 und 15 Uhr, geschl. 25.12., 1.1., 1.5. oder Online-Anmeldung unter www.vivaticket.it.

Acqua alta: lästig oder malerisch?

Zwischen Oktober und April gibt es in Venedig eine zusätzliche Touristenattraktion: **acqua alta, Hochwasser.** Während es für die Venezianer ein lästiges, je nach Höhe bisweilen auch bedrohliches Ereignis ist, können Touristen dem Wasser in den Gassen und auf dem Markusplatz in erster Linie amüsante und optisch beeindruckende Seiten abgewinnen. Gut zwei bis drei Stunden, bevor das Hochwasser kommt, warnen **Sirenen** vor dem still und unmerkbar anrückenden Wasser. Es beginnt immer auf dem Markusplatz, der mit 64 cm über dem Meeresspiegel niedrigsten Stelle der Stadt.

Ein Hochwasser dauert nie lange, denn die Gassen und Plätze werden nur während der Flut heimgesucht und auch nur, wenn Mond (bei Voll- und bei Neumond) und Wind richtig zusammenspielen. Der **Scirocco**, ein lauer Wind, der bei Hochdruck vom Meer weht, drückt bei Flut mehr Wasser in die Lagune, als diese vertragen kann. Sollte es zusätzlich auch noch besonders stark regnen, ist die Katastrophe komplett. Wer nicht unbedingt auf den Markusplatz und in dessen benachbarte Gassen gehen muss, braucht das Hochwasser nicht zu fürchten. Es kommt meist nicht überall hin und in vielen Stadtvierteln kann man ohne Gummistiefel laufen.

Während der hochwassergefährdeten Jahreszeit stehen in Venedig an den problematischen Gassen und Plätzen orangefarbene **Holzstege** („passerelle") bereit, die es erlauben, über dem Wasser zu wandeln. Spezielle **Stadtpläne an den Vaporetto-Haltestellen** (auch in den Touristen-Informationszentren erhältlich, s. S. 111) zeigen die gefährdeten Stellen und die Wege, die von Stegen überbrückt werden. Sie helfen, „acqua alta" zu umgehen. Die aktuellen Wasserstandsvoraussagen des Centro Maree sind auf folgender Website zu finden:
› www.comune.venezia.it/maree

Hochwasser beginnt offiziell, wenn der Wasserstand auf **80 Zentime-**

Das Zentrum von Macht und Pracht: San Marco

*ter über Normal steigt. Die Sirenen heulen, wenn 1,10 m über NN vorhergesagt werden, dann stehen rund 12 Prozent der Stadt unter Wasser. Ab etwa 1,40 m über NN, wenn 90 Prozent der Stadt überschwemmt sind, wird der Notstand ausgerufen. Die Hochwasserstände werden auch mithilfe eines **ausgeklügelten Sirenensystems** angezeigt. Am **4. November 1966**, bei der **schlimmsten Hochwasserkatastrophe**, die Venedig je gesehen hat, stand das Wasser 1,94 m über NN. Der Markusplatz stand damals 1,25 m unter Wasser.*

*Im Laufe der Jahrzehnte wurden viele **Projekte zum Schutz der Stadt** vor Wassermassen geplant, durchdacht, erprobt und wieder verworfen. 2003 schließlich hat der damalige Ministerpräsident Silvio Berlusconi den Grundstein für umstrittene Hochwassersperren vor den Lidi der Stadt gelegt. **Schwimmende Stautore** sollen zukünftig die Öffnungen zum Meer bei Bedarf verschließen. Bei normalem Wasserstand liegen die Schleusentore flach auf dem Wassergrund, sobald Hochwassergefahr besteht, werden sie mit Luft vollgepumpt und stellen sich auf, um das Wasser der Adria aus der Lagune herauszuhalten. 2014/15, so die Planer, sollen die Einfahrtsschleusen fertiggestellt und das Hochwasserproblem so beherrschbar sein. Das Projekt wird nach heutigen Schätzungen weit mehr als fünf Mrd. Euro kosten. Es handelt sich damit um das größte Infrastrukturprojekt der italienischen Nachkriegsgeschichte.*

㉒ San Moisè ★★ [F7]

Vieles an der Kirche ist beeindruckend, zunächst die **monumentale Barockfassade** der Moses geweihten Kirche. Die Kirche wirkt im Vergleich zu den sonst üblichen Kirchenfassaden der Stadt sehr fremd. Das Alter der Kirchengründung im 8. Jahrhundert erkennt man daran, dass sie Moses, also alttestamentarisch, geweiht ist. Der heutige Bau, ab 1688 von Alessandro Tremigon erstellt, bekam seine Prunkfassade durch Stiftungen der Familie Fini. Es ist kaum vorstellbar, dass sie früher noch überladener war – man entfernte im Jahre 1878 einige Statuen, um die Statik zu verbessern.

Im Inneren präsentiert sie sich als ein Saalraum mit hohem Presbyterium und Seitenkapellen. Besonders interessant sind die Reliefs an der Kanzel von Alvise Tagliapietra (1732). Der **Hochaltar** ist vom selben Künstler gestaltet worden wie die Fassade und stellt die Szene der Übergabe der Gesetzestafeln an Moses auf dem Berge Sinai dar. Links vom Altar findet man **Tintorettos „Fußwaschung"**.

› San Marco, Campo di San Moisè, Mo.–Sa. 9.30–12.30 Uhr, häufig auch nachmittags, Eintritt frei

◁ Hochwasser – besonders auf dem Markusplatz – kann auch sehr malerisch sein

Venedig entdecken
Das Zentrum von Macht und Pracht: San Marco

㉓ Santa Maria del Giglio ★★ [E7]

Der heutige Bau der Kirche stammt aus dem 16./17. Jahrhundert. Die **barocke Fassade** trägt Züge römischer Barockarchitektur und ist ein Unikum: In der Sockelzone sind **Reliefs italienischer Städte und venezianischer Festungen** (Rom, Padua, Zara, Korfu, Spalato/Split) eingelassen. Eine weitere Besonderheit des Sakralbaus: In der Molin-Kapelle findet sich das einzige **Rubens-Bild** Venedigs, ein Fragment der Darstellung der Heiligen Familie.

› San Marco 2541, Campo di Santa Maria del Giglio, CHORUS (s. S. 61)

㉔ Fenice-Theater (Teatro La Fenice) ★★ [E7]

Das Teatro La Fenice trägt seinen heutigen Namen (*Fenice* = Phönix) durchaus zu Recht. Es wurde 1792 und 1836 nach Bränden jeweils zügig wieder aufgebaut, d. h., es ist wie der **Phönix aus der Asche** auferstanden. Doch nach dem Brand 1996 dauerte es Jahre, bis das Gebäude restauriert wurde. 2004 schließlich wurde dort wieder gespielt. Das Theater war der **Ort zahlreicher Uraufführungen**, allein Giuseppe Verdi erlebte hier fünf Uraufführungen seiner Opern.

Es ist eines der bedeutendsten Opernhäuser der Welt. Sein Inneres wurde im Stil des abgebrannten wiedererrichtet und zeigt den Pomp und Glanz früherer Jahrhunderte. Auch die **legendäre Akustik** des Hauses konnte – mit modernster technischer Unterstützung – wiederhergestellt werden. Während einer Audioguide-Führung kann man die beeindruckenden Räume des Theaters besichtigen und auch hinter die Kulissen blicken.

› San Marco 1965, Campo San Fantin, www.teatrolafenice.it (Buchung und Infos), geöffnet: je nach Vorstellungen, Audioguide-Führung hinter die Kulissen, siehe „Stadttouren" (s. S. 118)

Venedig entdecken

In der Schleife des Kanals: San Polo und Santa Croce

㉕ Santo Stefano ★★ [E6]

Der Campo Santo Stefano wird an einer Seite durch das Langhaus der Kirche Santo Stefano begrenzt. Eine Besonderheit dieser großen, hallenartig anmutenden Kirche ist ihr **Chor,** der über einen kleinen Kanal hinweg führt und unterquerbar ist. Das Mittelschiff wird von einer **spektakulären Holzdecke** in Form eines umgedrehten Schiffsrumpfes überwölbt, die angeblich von den Schiffbauern des Arsenals ⑪ im 15. Jh. ausgeführt wurde.

Am Ende des rechten Seitenschiffs führt ein Renaissanceportal von 1525 zur **Sakristei** mit Gemälden: Rechts hängen drei Werke von **Tintoretto,** „Abendmahl", „Fußwaschung" und „Christus auf dem Ölberg". Die linke Wand schmückt eine Büste des hl. Sebastian von Tullio Lombardo, vor dem letzten Seitenaltar links ist eine Grabplatte für den Komponisten Giovanni Gabrieli (1557–1612).

› San Marco 2773, Campo Santo Stefano, CHORUS (s. S. 61)

㉖ Palazzo Grassi ★ [D6]

Direkt am Canal Grande liegt der mächtige Palazzo Grassi von Giorgio Massari aus dem Jahre 1718. Er wurde für die aus Bologna stammende Familie Grassi gebaut, die sich 1718 in den venezianischen Adel eingekauft hatte.

Der Pariser Luxuskönig **François Pinault** hat den Palazzo Grassi 2006 übernommen. Er besitzt unter anderem das Luxus-Unternehmen Gucci, das Auktionshaus Christie's und die Medien-Handelskette FNAC. Zudem verfügt er über **eine der größten privaten Sammlungen moderner Kunst,** die er in seiner Ausstellung in der Dogana da mar (s. S. 87) zeigt. Die Ausstellungsflächen im Palazzo Grassi umfassen rund 2300 m², hier sind wechselnde Sonderausstellungen zu sehen.

› San Marco 3231, Campo San Samuele, www.palazzograssi.it, geöffnet während Sonderausstellungen tägl. 10–19 Uhr

In der Schleife des Kanals: San Polo und Santa Croce

In der großen Schleife des Canal Grande liegen zwei kleinere Sestieri nebeneinander. Eine deutliche Trennung zwischen den Sestieri San Polo und Santa Croce ist fast nicht möglich, weder was die Atmosphäre angeht noch nach geografischen Gesichtspunkten. Räumlich werden sie definiert durch ihre Lage südwestlich der scharfen Grenze, die der Canal Grande durch Venedig zieht. Die Viertel ziehen sich vom Busbahnhof Piazzale Roma bis zur Rialtobrücke.

◁ *Goldener Glanz im Fenice-Theater*

San Polo und Santa Croce zeichnen sich durch ein sehr dichtes Netz von Gassen und kleinen Plätzen aus, wobei die Enge der Gassen ebenso charakteristisch ist wie die Höhe der Häuser.

㉗ Rund um Rialto ★★★ [F4]

Das Herz von San Polo ist der Rialto. „Rivoalto" („hohes Ufer"), wie das Gebiet früher hieß, ist der Kern der Stadt. Hier ließen sich einst die ersten Siedler nieder, hier wird die Vergangenheit Venedigs lebendig. Im Mittelalter war Rialto das Banken-

In der Schleife des Kanals: San Polo und Santa Croce

Wenn Türken fliegen: der venezianische Karneval

Jedes Jahr am Sonntag vor dem Unsinnigen Donnerstag bzw. Weiberfastnacht, Schlag zwölf Uhr mittags, wird der venezianische Karneval offiziell eröffnet. Eine Akrobatin „fliegt" an einem Seil vom Campanile **19** *zum Dogenpalast* **20**. *Gleichzeitig steigt zum Klang von Blasinstrumenten eine* **Wolke bunter Luftballons** *in den Himmel über der Lagune. Weit über 150.000 Menschen drängen sich dann an den darauffolgenden zehn Karnevalstagen täglich durch die Gassen der Stadt, um ein Fest zu feiern, an dessen ursprüngliche Traditionen sich heute kaum noch jemand erinnert.*

1979 belebte man den Karneval wieder und orientierte sich dabei vor allem am 18. Jh. und der Stegreifkommödie der Commedia dell'arte. Einzig der Flug geht zurück auf die Anfangszeit des venezianischen Karnevals im 11. und 12. Jh. Er steht für den sogenannten **„Türkenflug"** *vergangener Zeiten. Beim „volo del turco" wurde ein Akrobat, meist türkischer Herkunft, von der Piazzetta zur Glockenstube des Campanile, dem Kirchturm der Markuskirche, hochgehievt.*

Von dort erklomm er über eine Strickleiter die Turmspitze, um in luftiger Höhe schwindelerregende Gleichgewichtskunststücke aufzuführen. Von der Turmspitze balancierte der „Turco" dann auf einem Seil - der eigentliche „Flug" - hinab zur Loggia des Dogenpalastes, wo ihn der Doge zusammen mit allen Würdenträgern der Republik und ausländischen Gesandten und Gästen erwartete. Mit seiltänzerischen Einlagen hangelte er sich dann zurück zum Campanile, um über das andere Seil wieder zurück zum Floß im Hafenbecken zu rutschen. Trotz mancher Todesstürze wurde am „Türkenflug" bis zum Untergang der Republik Venedig 1797, der gleichzeitig das Ende des venezianischen Karnevals bis 1979 bedeutete, festgehalten.

In Venedig dauerte der Karneval früher mehrere Monate. Er begann in den ersten Oktobertagen mit dem Beginn der Theatersaison. Vom 16. bis zum 25. Dezember wurde der Karneval unterbrochen und dann am Stefanstag, am 26. Dezember, wieder aufgenommen, um bis Mitternacht vor Aschermittwoch, dem „mercoledì delle Ceneri", anzudauern. Das **Maskentragen** *an sich aber war beinahe sechs Monate im Jahr gestattet und wurde während dieser Zeit auch gepflegt. Denn der Brauch erlaubte den Venezianern - dem Volk wie den adeligen Patriziern, aber auch den Fremden, die in der Stadt weilten - eine ziemlich unbeschränkte Freiheit des Umgangs miteinander.*

und Handelszentrum Venedigs. Heute befindet sich bei Rialto der große Markt Venedigs, von dem zuerst die Souvenirstände und dann, hinter den Gebäuden am Wasser, die Obst- und Gemüsestände zu sehen sind. Täglich außer sonntags herrscht am Rialto vormittags ein buntes Markttreiben. Das Gebiet rund um den Markt hat sich aber auch zu einem der Zentren des venezianischen Nachtlebens entwickelt.

Bis ins 19. Jh. hinein war die **Rialtobrücke** (Ponte di Rialto) die einzige Brücke über den Canal Grande. Bereits im 13. Jh. existierte an dersel-

Venedig entdecken
In der Schleife des Kanals: San Polo und Santa Croce

ben Stelle eine Holzbrücke, deren Mittelteil für größere Schiffe geöffnet werden konnte. Nach einem langwierigen Wettbewerb, an dem die größten Architekten des 16. Jh. wie Michelangelo, Palladio und Sansovino teilnahmen, durfte **Antonio da Ponte** 1588 bis 1591 eine neue Brücke aus Stein errichten. Bereits damals gab es auf der 28 Meter langen Brücke Geschäfte, denn durch die Vermietung der Ladenlokale sollten die Kosten des Baus erwirtschaftet werden.

Direkt am Fuß der Rialtobrücke fällt zunächst der **Palazzo dei Camerlenghi** auf. Früher hatten hier die drei Stadtkämmerer und andere Behörden ihre Niederlassungen. Zu ebener Erde sind die niedrigen Eingänge zu Gefängniszellen für Schuldner zu sehen. Darunter befanden sich noch tiefer Zellen, die teilweise vom Wasser überschwemmt wurden. Heute ist im Palazzo die Justiz beheimatet.

Gleich neben dem Palazzo liegt die Kirche **San Giacomo di Rialto**, die älteste der Stadt. Bemerkenswert ist die Vorhalle, die bei mittelalterlichen Kirchen allgemein üblich war – ein angenehmer Ort, um sich vom Trubel des Marktes zurückzuziehen. Der Platz vor der Kirche war zur Zeit der Republik das **Zentrum der europäischen Finanzwelt**. Hier lagen die großen Bankhäuser, sozusagen die Wall Street des Mittelalters.

Der Kirche gegenüber steht der **Gobbo di Rialto**, der „Bucklige von Rialto", eine gebückte Steinfigur, die ein Podest mit Treppe trägt. Von dem Podest aus wurden Verordnungen, Gesetze und Urteile verkündet.

△ *Die Rialtobrücke war bis ins 19. Jahrhundert die einzige Brücke über den Canal Grande*

㉘ Frari-Kirche (Santa Maria Gloriosa dei Frari) ★★★ [D5]

Der Besuch der Kirche Santa Maria Gloriosa dei Frari ist aufgrund ihrer architektonischen Pracht und weltberühmten Ausstattung einer der Höhepunkte eines Venedig-Besuchs – auch für Menschen, die mit Kirchen sonst nicht viel anfangen können.

Sie wurde ab 1340 von den Franziskanern erbaut und ist neben der Kirche Santi Giovanni e Paolo ❼ der **größte und bedeutendste Sakralbau der venezianischen Spätgotik**. Einen besonderen Akzent setzt der **70 Meter hohe Campanile**, der nach dem von San Marco ⓳ der zweithöchste der Stadt ist.

Durch die hohe Einfassung des **Mönchschors** von Bartolomeo Bon und Pietro Lombardo (1468–1475), der den ganzen vorderen Raum des Mittelschiffs einnimmt, wurden die Mönche beim Gottesdienst von den

In der Schleife des Kanals: San Polo und Santa Croce

Laien getrennt. Das riesige Innere der Kirche ist mit Monumenten ausgestattet, die sie beinahe zu einem Museum machen. Da viele Dogen und venezianische Adelige hier bestattet sind, wird die Kirche – neben Santi Giovanni e Paolo – als „**Pantheon der Venezianer**" bezeichnet.

Im zweiten Joch des rechten Seitenschiffs steht ein **Erinnerungsdenkmal für Tizian**, der hier, während der Pest 1576 gestorben, beigesetzt ist. An der Stirnseite des rechten Querarms liegt der Eingang zur Sakristei, die frühere Grablege der Familie Pesaro, die viel für die Kirche getan hat. Hier befindet sich im sogenannten Pesaro-Chörlein (1488) das **weltberühmte Triptychon Giovanni Bellinis**. Das Bild ist einerseits „antiquiert" aufgrund der damals eigentlich schon aufgegebenen dreiteiligen Bildform, andererseits „modern" durch die Zentralperspektive, die hier angewendet wurde. Maria thront mit dem Kind unter goldenem Mosaik in einer weiten Nische, zu ihren Seiten je zwei Heilige, rechts Benedikt und Markus, links Nikolaus und Petrus.

Bemerkenswert ist der Altar der zweiten Chorkapelle rechts, der **Maximilian Kolbe** geweiht ist, dem heiliggesprochenen Mönch, der 1941 in Auschwitz freiwillig in den sicheren Tod ging, um einen Mithäftling zu retten.

Den Höhepunkt der Kirche stellt im Presbyterium das **riesige Altarbild der „Assunta"**, die Himmelfahrt Mariens von Tizian, dar. Seine Enthüllung war 1518 eine Sensation und ein epochales Ereignis der Kunstgeschichte. Mit diesem Werk hat Tizian das Marienbild für Jahrhunderte geprägt. Die Himmelfahrt Mariens vollzieht sich in drei Bildebenen, der unteren, irdischen Ebene mit den Jüngern, die in ungeheurem Aufruhr der entschwebenden Gestalt nachsehen und nachstreben, der mittleren mit Maria auf lichter Wolke und umgeben von Engelsscharen, in leuchtendem Blau und Rot, und in der dritten, der himmlischen Ebene, mit der heranschwebenden Gestalt Gottvaters.

In der äußersten Chorkapelle links befindet sich die Grabstätte des Komponisten **Claudio Monteverdi** (1567–1643), der ab 1613 Organist von San Marco war. Ein weiterer Höhepunkt abendländischer Malerei ist die sogenannte „**Pesaro-Madonna**" Tizians (1519–1526) im linken Seitenschiff. Mitglieder der Familie Pesaro werden in Anbetung des Jesuskindes dargestellt.

Weiter hinten im Seitenschiff, neben dem Grabmal für den Dogen Giovanni Pesaro, steht das aufwendige, pyramidenförmige Monument für den Bildhauer Antonio Canova (1757–1822).

› San Polo 3004, Campo dei Frari, CHORUS (s. S. 61)

29 Scuola Grande di San Rocco ★★★ [C5]

Neben der Kirche San Rocco liegt die Scuola Grande di San Rocco. Der hl. Rochus ist der Schutzheilige der Kranken, insbesondere der Pestkranken. In Venedig, das so oft von der Pest und anderen Seuchen heimgesucht wurde, war es selbstverständlich, diesen Heiligen zu verehren. Die hier ansässige Bruderschaft („scuola") wurde 1478 gegründet. Als einzige Bruderschaft existiert sie noch heute.

Die **gesamte malerische Ausstattung** der Räume mit 60 Bildern stammt **von Tintoretto**. Im Erdgeschoss hängen acht große Gemälde mit Themen aus dem Marienleben, außerdem zwei kleinere Darstellungen der hl. Magdalena und der Maria neben dem Altar.

Im **großen oberen Saal**, einem der **schönsten Innenräume Italiens**, hat man angesichts der überwältigenden Fülle an Dargestelltem Schwierigkeiten, sich auf Einzelnes zu konzentrieren. Über all dem strahlt in Gold die **Decke mit 21 Gemälden Tintorettos**, die Themen aus dem Alten Testament darstellen.

Der **benachbarte Saal** zeigt die alten Holzverkleidungen des 16. Jh. mit dem Gestühl für die Vorsteher der Bruderschaft. Der Raum ist weniger üppig ausgestattet, intimer und besser in seinen Einzelheiten überschaubar. Einige der beeindruckendsten Gemälde Tintorettos finden sich hier: der „Gang nach Golgatha" (rechts oberhalb der Tür), wo jegliche Qual dargestellt ist, die Menschen anderen zufügen können, eine eindrucksvolle „Kreuzigung" über der Vorsteherbank, ein „Schmerzensmann" über dem Portal. Unvergesslich ist das Bild „Christus vor Pilatus" links über der Tür.

› San Polo 3052, Campo San Rocco, www.scuolagrandesanrocco.it, 9–17.30, 25.12., 1.1. und zu Ostern geschlossen, Eintrittsgebühr

㉚ Scuola Grande San Giovanni Evangelista ★★ [C5]

Das erste, was man von der Scuola Grande San Giovanni Evangelista sieht, ist eine **feingliedrige, portalartige Marmorschranke**. Der Adler über dem Portal steht symbolisch für den Evangelisten Johannes (San Giovanni). Das gesamte um 1471 entstandene Werk wird Pietro Lombardo zugeschrieben.

Rechts hinter dem Durchgang liegen die Gebäude der Scuola aus dem 14. Jh. Es handelt sich um ein sehenswertes Gebäude aus der Renaissancezeit, das 1498 von Coducci erbaut wurde. Die Scuola zeichnet sich durch **außergewöhnlich schöne Kunstwerke** von Tintoretto, Palma il Giovane und Tiepolo aus.

› San Polo 2454, Campiello della Scuola, Besichtigung nur nach Voranmeldung unter Tel. 041 718234 (Bürozeiten Mo.–Fr. 9–13 Uhr) und an manchen ausgewählten Tagen ohne Voranmeldung, meist 9.30–17 Uhr. Die Tage werden jeweils für den laufenden Monat auf der Homepage www.scuolasangiovanni.it, „Visita della Scuola", veröffentlicht. Eintrittsgebühr.

Bummeln und verweilen: Dorsoduro

Zwischen den Verkehrsadern Canal Grande und Giudecca-Kanal liegt der Sestiere Dorsoduro, der südlichste Teil der Stadt. Dorsoduro bedeutet „harter Rücken", denn hier ist der Untergrund fester als im übrigen Stadtgebiet. Viele Wasserwege und Campi machen den Dorsoduro zu einem lichten und freundlichen Stadtteil. Im Westen wohnen, auch durch die Nähe des Hafens bedingt, überwiegend Arbeiter. Im Osten ist der Dorsoduro eine schicke, wesentlich feinere Adresse mit vielen kleinen Galerien. Rund um den Campo Santa Margherita [C6] herrscht temperamentvolles Leben. Auf dem Dorsoduro kann man entspannt bummeln und verweilen, insbesondere auf der breiten Uferpromenade zum Giudecca-Kanal, den Zattere ㉟, die mit hinreißender Kulisse und vielen einladenden Lokalen lockt.

Bummeln und verweilen: Dorsoduro

31 Gallerie dell'Accademia ★★★ [D7]

Die Gallerie dell'Accademia, die berühmte Gemäldesammlung venezianischer Kunst, ist zwar derzeit wegen Restaurierung eingerüstet, die Ausstellungsräume aber sind normal zugänglich.

Die Sammlung gehört zu den bedeutendsten Kunstsammlungen der Welt. Sie geht zurück auf eine „Akademie", zu der sich Maler und Bildhauer Venedigs 1750 zusammengeschlossen hatten. Staatliche Anerkennung erlangte sie unter ihrem ersten Präsidenten, Giovanni Battista Tiepolo, 1756. Die Sammlungen bieten einen **umfassenden Überblick über die venezianische Malerei** bis zum Ende der Republik und ins 19. Jh. **Highlights** sind z. B. Altarretabeln (Altaraufsatz) aus dem 14. und 15. Jh. und Altargemälde der venezianischen Renaissance um 1500. Diese Epoche bildet den Anfang der venezianischen Malschule und wird geprägt durch die überragende Figur **Giovanni Bellinis**. Weitere Gemälde dieser Zeit stammen von Vittore Carpaccio, Mantegna und Piero della Francesca oder Sebastiano del Piombo.

In einer kostbaren Sammlung kleinerer Bilder aus dem 15. und 16. Jh. ist besonders „Das Gewitter" von **Giorgione** (ca. 1505–1507) hervorzuheben. Giorgione war der Lehrer Tizians. Ein weiterer Saal zeigt mit **Lorenzo Lottos** Brustbild eines jungen Mannes in der Studierstube ein herausragendes Werk des (neben Tizian) besten Portraitmalers des 16. Jh..

Es folgen großformatige, wichtige Werke der venezianischen Malerei, etwa das riesige „Gastmahl des Levi" mit 5,60 x 13 Metern von **Paolo Veronese** (1571–73), gemalt für das Refektorium der Kirche Santi Giovanni e Paolo ❼. **Mehrere Bilder Tintorettos** mit Wundern des hl. Markus und **Tizians „Pietà"** sind ebenfalls in diesem Raum ausgestellt sowie Werke von **Giovanni Battista Tiepolo**.

In der Accademia finden sich auch zahlreiche Bilder der venezianischen Vedutisten (Künstler, die sich detailgetreuen Stadtansichten verschrieben haben) wie **Canaletto** oder **Francesco Guardi**, Pastellportraits von **Rosalba Carriera** und Genrebilder von **Pietro Longhi**. Das Venedig des 15./16. Jh. wird besonders gut

◁ *Die Gallerie dell'Accademia gehört zu den bedeutendsten Kunstsammlungen der Welt*

dargestellt im berühmten Gemäldezyklus **„Wunder der Kreuzreliquie"**. Die acht großen Bilder aus den Jahren 1494 bis 1501 sind ein Gemeinschaftswerk von Vittore Carpaccio, Gentile Bellini und anderen Künstlern für die Scuola Grande di San Giovanni Evangelista. Die Gemälde faszinieren vor allem durch die detailgetreue Darstellung Venedigs um 1500.

Hervorzuheben ist auch noch ein Bild des Tizian-Schülers **Paris Bordone**, der die Gründungslegende des „sposalizio", der Vermählung des Dogen mit dem Meer, erzählt: Ein Fischer bringt dem Dogen einen kostbaren Ring, den ihm der hl. Markus überreicht hat.

› Dorsoduro 1050, Accademia-Brücke, www.gallerieaccademia.org, Mo. 8.15–14, Di.–So. 8.15–19 Uhr, geschl.: 1.1., 1.5., 25.12., Eintrittsgebühr

㉜ Peggy Guggenheim Collection ★★ [E8]

Der **Palazzo Venier dei Leoni** beherbergt die Peggy Guggenheim Collection. Der Bau aus dem 18. Jh. ist ein guter Hinweis dafür, welcher Reichtum damals in der Stadt herrschte. Der Palast war in Dimensionen geplant, denen, wäre er fertiggestellt worden, größere Teile des ganzen Viertels zum Opfer gefallen wären. Ein Holzmodell im Museo Correr zeugt davon. Von der Wasserseite aus sieht man, dass der Bau unvollendet geblieben ist, nur das Sockelgeschoss wurde realisiert.

Hier wohnte bis zu ihrem Tode im Jahr 1979 die illustre amerikanische Millionärin und Galeristin Peggy Guggenheim. Die Sammlung der Millionärin wird zu den **bedeutendsten privaten Sammlungen moderner Kunst weltweit** gezählt. Sie umfasst Werke von **Max Ernst** (mit dem die exzentrische Peggy Guggenheim verheiratet war), **Pablo Picasso, Paul Klee, Wassily Kandinsky, Henry Moore** u. a. Alle avantgardistischen Strömungen der ersten Hälfte des 20. Jh. sind im Palazzo vertreten.

Auf der Terrasse zum Canal Grande steht der berühmte **„Bronzene Reiter"** von Marino Marini. Für die Figur, so die Legende, gibt es Penisse in verschiedenen Größen, die von Peggy Guggenheim je nach Laune ausgetauscht wurden.

› Dorsoduro 701, Calle Ponte San Crisostomo, www.guggenheim-venice.it, Mi.–Mo. 10–18 Uhr

㉝ Santa Maria della Salute ★★★ [F8]

Die Salute-Kirche ist die wichtigste Barockkirche der Stadt. Der monumentale, blendend weiße Bau steht in exponierter Lage und erlaubt von seinen Treppenstufen aus einen einmaligen Blick auf den Canal Grande und den Komplex des Dogenpalastes.

Ihre Gründung geht zurück auf ein Gelöbnis des Senates der Republik vom 22. Oktober 1630. In diesem Jahr wütete wieder eine **Pestepidemie** in der Stadt, der schließlich 50.000 Einwohner zum Opfer fielen, mehr als ein Viertel der Bevölkerung. Zum Herbst des Jahres flaute die Seuche etwas ab, was die Venezianer darauf zurückführten, dass die Fürbitten an die Muttergottes und das Gelöbnis erhört worden waren. Daher sollte die neue Kirche der Santa Maria della Salute, der **hl. Maria des Heils** bzw. der Gesundheit, geweiht werden. Den Auftrag erhielt der Architekt **Baldassare Longhena** (1597–1683), dessen Lebenswerk die Salute wurde. Für das Fundament wurden

Venedig entdecken
Bummeln und verweilen: Dorsoduro

mehr als 1,2 Millionen Eichenstämme in den Lagunenboden gerammt.

Bei der Kirche handelt es sich um einen großen, **achteckigen Zentralbau**, an den sich nach Süden das Presbyterium anschließt. Das große zentrale Achteck wird überragt von einem zweiten mit geringerem Durchmesser. Darüber wölbt sich die weithin sichtbare Kuppel, die über dem Baukörper zu schweben scheint. Zwischen den beiden Achtecken vermitteln riesige Strebepfeiler, die als schneckenförmige Voluten ausgeprägt sind, die sogenannten *orecchi-*

oni (große Ohren). Die Kuppel krönt eine reich gegliederte Laterne.

Hat man die üppige, überquellende Architektur der Kirche in sich aufgenommen, betritt man durch eine kleine seitliche Pforte das Innere und wird überrascht. Der Raum ist schlicht und bietet einen erheblichen Kontrast zur Pracht des Äußeren. Der **eindrucksvolle Hochaltar** mit Figuren von Justus Le Court zeigt in der Mitte Maria, der die Kirche gewidmet ist, flankiert von einer Venezia (links) und der fliehenden Pest in Gestalt eines alten Weibes (rechts). Die **Sakristei** (links vom Hochaltar, Eintrittsgebühr!) ist fast ein kleines Museum und lohnt einen Besuch. Dort finden sich ein wichtiges Frühwerk **Tizians** (der „Hl. Markus") am Altar, Deckenbilder mit kühner Perspektive vom selben Maler sowie ein riesiges Bild der Hochzeit zu Kana von **Tintoretto**.

> Dorsoduro 1 B, Campo della Salute, tägl. 9–12 u. 15–17.30 Uhr, Eintritt frei

⌅ Im Inneren der Kirche Santa Maria della Salute beeindruckt insbesondere der Hochaltar

⌗ An der Punta della Dogana können Passanten derzeit den überlebensgroßen „Jungen mit Frosch" des Künstlers Charles Ray bewundern

Bummeln und verweilen: Dorsoduro

EXTRATIPP

Prozession über den Kanal

Noch heute wird der Erlösung von der Pest im Jahre 1630 alljährlich mit dem venezianischen Feiertag **Festa della Madonna della Salute** gedacht. Eine festliche Prozession führt jedes Jahr am 21. November über eine Behelfsbrücke von Santa Maria del Giglio ㉓ aus zur Salute-Kirche ㉝. Es ist ein stilles, inniges Fest, das den Venezianern selbst gehört. An den Ständen vor der Kirche kaufen sie lange, dicke Kerzen *(candeli per la Madonna)*, die sie vor dem Altar entzünden lassen. Anschließend gehen sie am Altar vorbei durch die Sakristei und den Kreuzgang nach draußen, wo in Kirmesatmosphäre heißes Schmalzgebäck *(fritelle)* serviert wird.

㉞ Punta della Dogana – François Pinault Foundation ★★ [F8]

Die östlichste Spitze des Dorsoduro wird von den mächtigen Hallen der **Dogana da Mar**, der **Meereszollstation** für die vom Meer kommenden Waren, gebildet. Die Wasserfläche zwischen dem Bacino di San Marco vor dem Dogenpalast ⑳ und der Isola di San Giorgio Maggiore ㊳ **war einst einer der wichtigsten Häfen Europas.** Hier ankerten Segelschiffe, die Waren aus aller Herren Länder nach Venedig brachten. In der großen Zollstation mussten die Waren verzollt oder gelagert werden. Den Abschluss der Landzunge bildet ein viereckiger Turm, auf dessen Spitze zwei Atlanten eine goldene Kugel tragen, auf der wiederum eine Bronzefigur der Fortuna balanciert und mit einem Steuerruder die Windrichtung anzeigt. An dieser **Punta della Dogana** bietet sich ein umwerfender Rundblick.

In den weitläufigen Hallen der alten Zollstation hat der französische Milliardär François Pinault 2009 das Museum „Punta della Dogana – François Pinault Foundation" eröffnet. Für dessen **beispiellose Sammlung moderner Gegenwartskunst** schuf der japanische Architekt Tadao Ando Ausstellungsraum auf 4500 m². Das Museum ergänzt die Sonderausstellungen des Palazzo Grassi ㉖, der ebenfalls Pinault gehört und von Ando umgebaut wurde, mit einer Dauerausstellung. Pinaults Sammlung der Gegenwartskunst umfasst rund 2500 Werke und gehört zu den größten der Welt.

› Dorsoduro 1, Campo della Salute, www.palazzograssi.it, Mi.–Mo. 10–19 Uhr, 24., 25.12. geschl. Es gibt einzelne Eintrittskarten für Punta della Dogana und Palazzo Grassi oder eine deutlich günstigere Kombikarte für beide Orte.

Bummeln und verweilen: Dorsoduro

③⑤ Zattere ★★ [D8]

An der Punta della Dogana kann man die Ostspitze des Dorsoduro umlaufen und auf den südlich gelegenen Fondamente den ganzen Stadtteil am Wasser entlangspazieren. Hier liegen die **Magazzini del Sale**, einige der Salzlager der Stadt aus dem 14. Jh. Venedig produzierte vom 4. bis zum Ende des 19. Jh. in zahlreichen Salinen selbst Salz, aus der Salzsteuer zog die Stadt großen Reichtum. Die Magazzini sind heute u. a. Bootslager von Ruderklubs.

Hier beginnen die sogenannten Zattere, ein **langer, teilweise breiter Kai**, der sich nahezu den ganzen Dorsoduro entlang erstreckt. Dort wurde das Holz aus dem Gebirge in Form von Flößen, den *zattere,* angelandet, daher der Name. Die Zattere sind *die* **Flaniermeile der Venezianer**, denn hier herrschen die angenehmsten Temperaturen der Stadt. An den Zattere kann man z. T. schon an Februartagen in der Sonne sitzen und an heißen Tagen weht meist ein leichter, kühlender Wind. Venezianer genießen hier gerne *gianduiotto,* in Schlagsahne ertränkten gefrorenen Nougat, den die Traditionseisdiele Da Nico (s. S. 35) offeriert.

KLEINER ABSTECHER

Gondelwerft

Vor der Brücke über den Rio di San Trovaso an den Zattere geht es nach rechts eine Fondamenta entlang und man steht vor dem Squero di San Trovaso, eine der wenigen verbliebenen **venezianischen Gondelwerften**. Früher fanden sich sehr viele *squeri* in der Stadt. Es gab aber auch rund 10.000 Gondeln, im Gegensatz zu den etwa 500 von heute.

EXTRATIPP

Roboter bewegen die Kunst: das Vedova-Museum

Der Venezianer **Emilio Vedova** (1919–2006) war ein Vertreter des abstrakten Expressionismus und einer der Hauptvertreter der italienischen Informel-Malerei der 1950er- und 1960er-Jahre. Ihm wurde 2009 ein revolutionäres Museum in einem der ehemaligen Salzlager an den Zattere gewidmet. Das aus einem Raum bestehende Museum ist völlig leer und wird im Winter zu festen Zeiten rund 20 Minuten lang **mittels eines Roboterarms mit wechselnden Werken** Vedovas aus einem Magazin bestückt. Die ausgewählten Objekte hängen dann für je rund 30 Minuten frei im Raum. Es gibt drei unterschiedlichen Serien à neun seiner großformatigen Bilder. Im Sommer werden Arbeiten internationaler Künstler gezeigt.

> **Fondazione Emilio e Annabianca Vedova** (s. S. 40)

③⑥ Scuola Grande dei Carmini ★★ [B6]

Die Scuola Grande dei Carmini direkt neben der gleichnamigen Kirche hat eine **sehenswerte Fassade** von Baldassare Longhena, dem Erbauer der Salute-Kirche ㉝.

Da die Bruderschaft unter der Obhut Maria vom Karmel sehr reich war, konnte sie sich ihren Versammlungsraum kostbar ausstatten lassen. Sie engagierte den Künstler **Giovanni Battista Tiepolo**, der im Obergeschoss zwischen 1739 und 1744 **neun Deckenbilder** schuf.

> Dorsoduro 2617, Campo Santa Margherita, www.scuolagrandecarmini.it, tägl. 11–16 Uhr, geschl.: 25.12., 1.1., Eintrittsgebühr

Bummeln und verweilen: Dorsoduro

㊲ Museo del Settecento – Ca' Rezzonico ★★ [C7]

Das „Museum des 18. Jahrhunderts" ist in einem **sehenswerten Palazzo mit Fresken von Giovanni Battista Tiepolo** untergebracht. Der Barockbau am Canal Grande wurde im 18. Jh. von den besten Künstlern Venedigs prachtvoll eingerichtet. So sind die Deckenfresken von Giovanni Battista Tiepolo, das Mobiliar wurde zum Teil von Andrea Brustolon, einem berühmten Kunsttischler und Schnitzer, gefertigt.

Die authentische Ausstattung an Möbeln, Fayencen und Porzellan, Kostümen und sonstigen Alltagsgegenständen bildet einen einzigartigen Rahmen für die Kunst des 18. Jh.. Im dritten Stock hat man gar eine ganze Apotheke wiederaufgebaut. Einen guten Eindruck vom Leben im 18. Jh. geben auch ein komplettes Schlafzimmer mit Boudoir und Ankleideraum, fantasievolle Lüster und Murano-Spiegel, außerdem ein Marionettentheater und ein großer Tanzsaal. Wer sich ein Bild von der **Blütezeit Venedigs** machen möchte, kommt an einem Besuch dieses Museums einfach nicht vorbei.

› Dorsoduro 3136, Fondamenta Rezzonico, www.museiciviciveneziani.it, April–Okt. 10–18 Uhr, Nov.–März 10–17 Uhr, geschl.: Di., 1.1., 1.5., 25.12.

EXTRATIPP

Verweilen im Museumsgarten
In den Garten des Museums gelangt man, ohne Eintritt zu bezahlen. Die Anlage ist **eine der wenigen grünen Ruheinseln** im steinernen Venedig. Im **Museumscafé** findet man im Sommer ein kühles Plätzchen.

Die venezianischen Schiffe: Gondeln

*Gondeln waren **früher das einzige Verkehrsmittel der Stadt**. So gab es im 16. Jahrhundert 10.000, heute nur noch rund 500 Gondeln. Der **Berufsstand des Gondoliere** ist trotzdem immer noch ein sehr stolzer – mit Recht, denn eine Gondel zu führen, ist eine Kunstfertigkeit, die langjährige Übung verlangt. Der Gondoliere rudert vorwärts, während er am Heck steht, denn im engen Gewirr der Kanäle muss er die Strecke im Auge haben. Mit einem einzigen Ruder („il remo"), das in einer handgeschnitzten Holzhalterung („la forcola") aufgelegt wird, meistert er die schärfsten Biegungen im Kanal und ist in der Lage, das Boot auch bei stärkstem Wellengang ruhig zu halten.*

***Gondelbauen** ist eine Kunst. Jede Gondel ist 10,15 m lang, 1,40 m breit und wiegt 700 kg. Sie hat keinen Kiel und zeichnet sich durch **Asymmetrie** aus: Die rechte Seite ist 24 cm kürzer als die linke, damit das Gewicht des seitlich stehenden Gondoliere ausgeglichen wird. Eine Gondel wird aus 280 hölzernen Einzelteilen aus acht verschiedenen Holzsorten zusammengebaut.*

Charakteristisch ist die Form des „ferro" (Metallbeschlag) am vorderen Schnabel des Bootes („il pettine"). Sie versinnbildlicht die sechs Stadtbezirke Venedigs. Der Richtung Heck zeigende Zacken stellt Giudecca dar. Das halbrunde Oberteil soll die Dogenmütze symbolisieren.

Mit der Linie 2:
San Giorgio Maggiore und die Giudecca

Ein wenig außen vor, d. h. „neben" den Sestieri, liegen die Inseln San Giorgio Maggiore und Giudecca. Während die kleine Klosterinsel San Giorgio zum Sestiere von San Marco gehört, zählt die lang gezogene Giudecca-Insel zum Stadtteil Dorsoduro. Da beide mit dem Schiff, und zwar mit der gleichen Schiffslinie (2), zu erreichen sind, bietet es sich an, die Inseln zusammen zu besuchen. Während San Giorgio vornehmlich eine Insel zum Besichtigen ist, erlebt man auf der Giudecca ein fast neorealistisches Kontrastprogramm zum musealen Stadtzentrum. Bei zwei Palladio-Kirchen wird man aber auch hier Kunst und Geschichte nicht aus dem Weg gehen können.

38 Insel San Giorgio Maggiore ★★ [H9]

Die Insel San Giorgio Maggiore, seit dem Jahr 982 von Benediktinern bewohnt, wird von Andrea Palladios gleichnamiger Kirche dominiert. Der jetzige Bau wurde 1566 begonnen und erst 1610, nach dem Tode Palladios, vollendet.

Ihre markante Fassade ist wesentlicher Teil und Schlusspunkt des beeindruckenden Panoramas, das sich vom Markusplatz aus bietet. Bei der Kalksteinfassade sind gewissermaßen **zwei Fassaden ineinander und übereinander geschoben**: Die Mitte stellt eine antike Tempelfront dar. Sie steht vor einer zweiten Front, die breiter und niedriger und durch Pilaster gegliedert ist. Die Fassade trägt Dogengrabmale und wird durch Nischen mit Statuen belebt.

Im Inneren gibt sich die Kirche tempelhaft kühl. Den Hauptraum dominiert ein **ungewöhnlicher Hochaltar**: Eine Bronzegruppe zeigt die vier Evangelisten, einen goldenen Erdball tragend, darauf steht der segnende Gottvater. Herausragend sind **zwei Hauptwerke Tintorettos** an den Seitenwänden des Presbyteriums: links das „Mannawunder" mit Szenen, die wie aus dem Leben gegriffen wirken, rechts „Das letzte Abendmahl". Hinter der Klosteranlage – links an der Kirche vorbei – geht es zum Museum für moderne Glaskunst Le Stanze del Vetro (s. S. 42).

Zum **Kirchturm** (mit Aufzug!) führt ein Zugang links vom Chor. Er erlaubt den schönsten Blick über die Stadt und auf die Lagune – und mit ein bisschen Glück bis zu den Dolomiten. Hier sind die Warteschlangen kürzer als vor dem Campanile am Markusplatz. Von oben kann man auch einen Einblick in die **Klostergebäude** mit ihren beiden Kreuzgängen gewinnen, die zur Fondazione Cini gehören und nur bei Führungen zugänglich sind. Während der Führung sieht man Bauteile von Palladio und eine großartige Barocktreppe von Longhena sowie beeindruckende Teile der ehemaligen Benediktiner-Klosteranlage und ein Labyrinth.

› San Marco, Isola di San Giorgio Maggiore, Kirche: Mai–Sept. 9.30–12.30 u. 14.30–18.30 Uhr, Okt.–April 9.30–12.30 u. 14.30–16.30 Uhr, Eintritt frei, Kirchturm: tägl. 9.30–12.30 u. 14.30–18.30 Uhr, im Winter nur bis 16.30 Uhr, Eintrittsgebühr, Klostergebäude: Führungen Sa. u. So. 10–17 Uhr, 10 €, www.cini.it

Venedig entdecken

Mit der Linie 2: San Giorgio Maggiore und die Giudecca

❸❾ Insel Giudecca ★★ [C10]

Eigentlich handelt es sich bei Giudecca nicht um eine, sondern um acht durch Brücken verbundene Inselchen. Der Name „Giudecca" leitet sich ab von den hierher verbannten, politisch oder wegen krimineller Taten unerwünschten Adelsfamilien (venezianisch „zudegà").

Ursprünglich wurde die Insel „Spinalonga", langer Rücken, genannt. Zu Zeiten der Republik war die Giudecca eine **Garteninsel**. Die Aristokratie verbrachte hier ihre Sommerfrische, bevor sie sich Villen auf dem Festland schuf. Doch die Gärten wurden in den letzten 200 Jahren nahezu völlig verbaut. Seit dem 19. Jh. haben sich auf der Giudecca viele **Gewerbe- und Industriebetriebe** angesiedelt. Es finden sich auch ein Frauengefängnis und typisch italienische, eher triste Vereinslokale voller Fußballwimpel und Pokale. Insgesamt herrscht auf der Giudecca ein ungewöhnliches Nebeneinander von eleganten Villen und bescheidenen Wohnblöcken, von Fabriken und Kirchen. Die Insel mausert sich allmählich zur begehrten **In-Wohngegend** alternativ angehauchter Venezianer und internationaler Künstler.

❹⓿ Chiesa delle Zitelle ★ [G9]

Wichtig für das Stadtpanorama ist die Fassade der Chiesa delle Zitelle, der „Kirche der unverheirateten Frauen", die nach einem **Palladio-Entwurf** 1580 errichtet wurde. Sie wird inzwischen weltlich genutzt und beherbergt seit einigen Jahren das „Centro culturale di esposizione e communicazione Zitelle", ein modernes Kongresszentrum für Tagungen und Ausstellungen. Ihren Namen bekam die Chiesa delle Zitelle damals von dem Heim für arme Mädchen *(zitelle)*, in das sie integriert war.

› Fondamenta delle Zitelle, nur von außen zu besichtigen

Vom Turm der Kirche San Giorgio Maggiore bietet sich ein herrlicher Blick auf den Giudecca-Kanal

Venedig entdecken
Mit der Linie 2: San Giorgio Maggiore und die Giudecca

④① Il Redentore ★★ [E10]

Die **Erlöser-Kirche** Il Redentore ist das wichtigste Bauwerk der Insel Giudecca. Sie beeindruckt durch ihre **typische Palladio-Fassade** im Stil einer Tempelfront, ein Musterbeispiel für Palladios konsequente Orientierung an der klassischen Antike. In den Nischen neben dem Mittelportal stehen die Statuen der Heiligen Markus und Franz von Assisi.

Il Redentore wurde aufgrund eines Regierungsgelöbnisses nach der Errettung Venedigs 1576 von der Pest von Andrea Palladio erbaut. Seit ihrer Einweihung gedenken die Venezianer der **Erlösung von der Pest** mit einem großen Fest.

› Campo del Redentore 194,
  CHORUS (s. S. 61)

EXTRATIPP

Für die Pest übers Wasser

Für **La Festa del Redentore**, das Erlöserfest, wird jedes Jahr am dritten Sonntag im Juli eine Behelfsbrücke über den breiten Giudecca-Kanal geschlagen, um den Pilgern den Weg zur Kirche Il Redentore zu bereiten. Wichtiger jedoch ist der Vorabend: Am Samstagabend versammeln sich Hunderte von Booten vor der Giudecca. Dort und an den Uferpromenaden finden rund um zahlreiche Imbissstände kleine Partys statt, die ab 23.30 Uhr in einem **einstündigen Feuerwerk** über der Stadt gipfeln.

▽ *Die markante Erlöser-Kirche Il Redentore auf der Insel Giudecca*

㊷ Canal Grande: Sightseeing vom Schiff aus ★★★ [E5]

Der Canal Grande ist die Hauptverkehrsader des venezianischen Verkehrsnetzes. Er windet sich im ehemaligen Lauf des Flusses Brenta, während dieser selbst nach Süden umgeleitet wurde. Der große Kanal formt auf seinen rund 3,8 km Länge ein umgedrehtes „S" und ist dabei zwischen 30 und 70 m breit und durchschnittlich 5 m tief. Gut 190 Palazzi und Häuser sowie 15 Kirchen stehen an seinen Ufern, zahllose Plätze und Plätzchen, Gärten und Anlegestellen. Man kann seine Pracht nur vom Schiff aus wahrnehmen, weil es nur wenige Stellen gibt, an denen man vom Ufer aus an den Kanal herankommt. Ganz wichtig: Nennen Sie den Canal Grande niemals „Canal-e Grande", das ist ein Vergehen!

Um die Schönheit dieses einmaligen Wasserweges ermessen zu können, nimmt man am besten das Vaporetto der Linie 1, das geruhsam von einer Haltestelle zur anderen den ganzen Kanal entlang fährt. Am eindrücklichsten ist diese von Menschen geschaffene Landschaft von einem Platz an der Reeling aus zu sehen.

Vom Bahnhof bzw. von Piazzale Roma aus fahren wir mit dem Linienschiff in Richtung Markusplatz.

❶ [A4] **Ponte della Costituzione (Verfassungsbrücke)**

★147 [B3] **Ponte degli Scalzi.** Die Brücke am Bahnhof heißt Ponte degli Scalzi und stammt aus dem Jahr 1934, sie ist die zweite von nur vier Brücken über den Canal Grande. Nach einer Reihe luxuriöser Hotels gerät kurz vor der Einmündung des breiten Canale di Cannaregio die **Kirche San Geremia**, in der die hl. Lucia verehrt wird, ins Blickfeld.

★148 [C3] **Palazzo Labia.** Gleich daran anschließend, aber etwas zurückversetzt steht der Palazzo Labia, ein Palast aus der ersten Hälfte des 18. Jh., der einen festlichen Ballsaal mit Fresken von Giovanni Battista Tiepolo birgt.

★149 [D3] **Fondaco dei Turchi.** Gegenüber der Haltestelle San Marcuola wecken zwei extrem gegensätzliche Gebäude das Interesse: der Fondaco del Megio, der Korn- und Mehlspeicher der Republik für Notzeiten, ein Backsteingebäude, das als einziges Schmuck einen Markuslöwen trägt, und daneben, mit einer lang gezogenen Marmorfassade und Ecktürmchen, der Fondaco dei Turchi, die ehemalige türkische Handelsniederlassung (heute ein Naturkundemuseum).

★150 [D3] **Palazzo Vendramin-Calergi.** Neben der Kirche San Marcuola – der Name ist eine typisch venezianische Zusammenziehung aus den Namen der Heiligen Ermagora und Fortunato – und der gleichnamigen Schiffshaltestelle erhebt sich der mächtige Palazzo Vendramin-Calergi, einer der Höhepunkte der Architektur der venezianischen Frührenaissance, entworfen von Mauro Codussi. Einer der berühmtesten Mieter des Palazzo war der Komponist Richard Wagner, der hier am 13. Februar 1883 starb. Eine Gedenktafel am Ufer erinnert daran. Heute ist in den Wintermonaten das Kasino der Stadt beheimatet. (Im Sommer zieht es auf den Lido um.)

★151 [E3] **San Stae.** An der gleichnamigen Schiffshaltestelle fällt die Fassade der Kirche San Stae auf, die dem Jagdheiligen Eustachius geweiht ist. Die Fassade, die in ihrer Größe nur vom Schiff aus richtig wahrgenommen werden kann, lehnt sich an Palladio an. In der Kirche sind u. a. Werke von Tiepolo zu sehen. Der Kir-

Venedig entdecken
Canal Grande: Sightseeing vom Schiff aus

Venedig entdecken
Canal Grande: Sightseeing vom Schiff aus

chenbau ist säkularisiert und dient heute als Konzert- und Ausstellungsraum. Vom Platz vor der Kirche hat man einen der seltenen und schönen Ausblicke auf den Canal Grande.

› **Palazzo Ca' Pesaro** (135, s. S. 41). Der Barockpalast Palazzo Ca' Pesaro ist ein Werk Baldassare Longhenas (1676 begonnen, erst 1710 vollendet). Interessant sind die Bauskulpturen, die die Wandflächen eng bedecken. Im Palazzo ist die **Galleria internazionale d'Arte Moderna** untergebracht.

★152 [E4] **Palazzo Corner della Regina.** In dem Vorgängerbau des Palazzo kam 1454 Catarina Corner zur Welt, die spätere Königin von Zypern. Die Fassade von 1724 zeigt den Übergang vom Barock zum frühen Klassizismus. Hier stellt die Fondazione Prada moderne Kunst aus.

› **Ca' d'Oro** (134, s. S. 41). Das „Goldene Haus", der gotische Palast Ca' d'Oro, wurde im 15. Jh. errichtet und war tatsächlich teilweise vergoldet, daher der Name. Heute ist hier ein Museum untergebracht, das es erlaubt, den prachtvollen Bau auch von innen zu genießen.

㉗ [F4] **Rialto.** Zunächst fällt an Rialto die Loggia des **Fischmarkts** auf, ein neogotisches Gebäude aus dem Jahre 1907. In den daran anschließenden lang gezogenen Gebäuden der Fabbriche vecchie und Fabbriche nuove waren verschiedene städtische Ämter untergebracht. Den Schlusspunkt des Rialto-Markts bildet der massige **Palazzo dei Camerlenghi**, einst Sitz der obersten Finanzbehörde der Stadt und der Republik. Der Palazzo dient mit seiner Masse aber auch als Gegengewicht zur Rialtobrücke. Heute ist hier das venezianische Schwurgericht beheimatet. Den Abschluss des Rialto-Komplexes bildet die **Rialtobrücke.**

★153 [F4] **Palazzo Da Mosto.** Die Fassade des Palazzo Da Mosto ist im byzantinischen Stil gehalten. Der Palazzo aus dem

Venedig entdecken
Canal Grande: Sightseeing vom Schiff aus

13. Jh. ist eines der ältesten Wohnhäuser der Stadt, später wurde es unter dem Namen „Leon Bianco" ihr edelstes Hotel. Besonders schön sind die auf die Architektur abgestimmten Reliefplatten über den Bögen im *piano nobile,* dem ersten Stock.

★154 [F5] **Fondaco dei Tedeschi.** Der Fondaco dei Tedeschi setzt einen mächtigen Schlusspunkt vor der Rialtobrücke. Die Fassade des Handelshauses der deutschsprachigen Kaufleute war im 16. Jh. mit Fresken von Giorgione und Tizian geschmückt.

★155 [F5] **Palazzo Dolfin Manin.** Der Palazzo Dolfin Manin war das erste Werk Sansovinos in Venedig. Der Bau besitzt eine ungewöhnliche Loggia im Erdgeschoss, durch die man hinter Eisengittern am Canal Grande entlanggehen kann. Ende des 18. Jh. residierte hier der letzte Doge Ludovico Manin.

★156 [F5] **Palazzo Bembo.** Der rote Palazzo Bembo ist ein schönes Beispiel gotischer Baukunst aus dem 16. Jh.

★157 [F5] **Ca' Loredan-Corner und Ca' Farsetti.** Die Palazzi Ca' Loredan-Corner und Ca' Farsetti wurden im 13. Jh. gebaut und im 16. Jh. völlig umgestaltet. Sie sind Beispiele des veneto-byzantinischen Stils und beherbergen heute das **Rathaus.** Die Familie Corner, Besitzer des einen Palazzo ab dem 14. Jh., war im Mittelalter die reichste Familie der Stadt.

★158 [E5] **Palazzo Corner Spinelli.** Der Palazzo neben der Anlegestelle Sant'Angelo wurde vom Architekten der Frührenaissance Mauro Codussi entwor-

> **EXTRATIPP**
> **Die Stadt der Verliebten: Heiraten in Venedig**
> Die venezianische Stadtverwaltung macht es Verliebten ganz einfach, sich in Venedigs Rathaus romantisch das Jawort zu geben. Man kann die standesamtliche Hochzeit (vergünstigt) online buchen und wird dabei – je nach gewünschtem Luxus – 500 bis 5000 € los. Für 120 € kann man sogar eine Live-Übertragung im Internet mitbestellen.
> ❯ www.weddinginvenice.org

Venedig entdecken
Canal Grande: Sightseeing vom Schiff aus

fen. Das Gebäude ist einer der ursprünglichsten Renaissancebauten am großen Kanal. Ungewöhnlich sind die seitlichen Balkone im ersten Stock. Die Familie Spinelli war durch den Seidenhandel reich geworden. Heute hat hier die Firma Rubelli, die kostbare Stoffe fertigt, ihren Sitz.

★159 [D6] **Palazzo Barbarigo della Terrazza.** Der Palazzo Barbarigo della Terrazza aus dem 16. Jh. ist wegen seiner gut 300 m² großen Terrasse einmalig in Venedig. Terrassen dieser Größe waren in der Serenissima unüblich. In der Regel dienten schwimmende hölzerne Dachaufbauten, die sogenannten *altane*, als Terrasse.

★160 [D6] **Palazzo Pisani-Moretta.** Dies ist der einzige Palazzo, der seit seiner Errichtung im 15. Jh. nie umgebaut wurde. Auch die Innenausstattung ist noch komplett erhalten. Seine orange-rote Fassade zeichnet sich durch eine schöne Maßwerkfront vor den Festsälen aus. Der Palazzo wird von den heutigen Besitzern, Nachfahren der Familie Pisani, für rauschende Bälle und Veranstaltungen vermietet. Zu solchen Gelegenheiten fahren die Gäste noch heute mit Booten und Gondeln vor.

★161 [C6] **Ca' Foscari.** Bevor der Kanal eine Kurve macht (die sogenannte „Volta del Canal"), fallen der Palazzo Giustinian und der Palazzo Foscari auf. Ca' Foscari am Rio di Ca' Foscari ist **Venedigs größter Palazzo**. Der Doge Francesco Foscari, einer der wichtigsten Dogen der Republik, setzte im 15. Jh. seinen ganzen Ehrgeiz darein, einen riesigen Palazzo zu bauen. Besonders die Reliefs mit geflügelten Putten über den Fenstern im zweiten Stock fallen auf. Der Palazzo ist heute Sitz der **Universität Venedig**, die während einer Führung besichtigt werden kann (s. S. 118). Am Ca' Foscari ist an jedem ersten Sonntag im September die Ziellinie der berühmten „Regata storica" (s. S. 14).

★162 [C6] **Palazzo Giustinian.** Im spätgotischen Palazzo Giustinian lebte der Komponist Richard Wagner 1858/59 sieben Monate lang und komponierte dort den zweiten Akt der Oper „Tristan und Isolde".

★163 [D6] **Palazzo Contarini delle Figure.** Um den Palazzo rankt sich eine gruselige Legende: Der Auftraggeber Jacopo Contarini soll mit Geld so verschwenderisch umgegangen sein, dass heute noch die Seelen seiner Pfandleiher im Haus spuken. Den Namen hat der Palazzo von zwei Halbreliefs über dem Portal, die den Balkon tragen.

㊱ [D6] **Palazzo Grassi.** Die mächtige, weiße Fassade direkt neben der Haltestelle San Samuele wird häufig von moderner Kunst geziert. Hier finden wechselnde Kunstausstellungen statt.

㊲ [C7] **Ca' Rezzonico.** Neben der Haltestelle „Ca' Rezzonico" steht der Palazzo Bon Rezzonico, genannt Ca' Rezzonico. Die Bauarbeiten wurden 1667 nach Plänen von Baldassare Longhena begonnen, 1682 wegen Geldmangels eingestellt und erst 1756 vollendet. Die imposante Fassade erinnert an Bauten des Architekten Sansovino, etwa an das Bibliotheksgebäude gegenüber dem Dogenpalast. Als Carlo Rezzonico 1758 Papst Clemens XIII. wurde, avancierte der Palazzo zum kulturellen Mittelpunkt. Seit 1936 beherbergt der Bau das beeindruckende Museum des 18. Jh..

★164 [D7] **Ponte dell'Accademia.** Schon 2009 war ein Wettbewerb ausgeschrieben worden, um die 1932 als hölzernes Provisorium gebaute Brücke zu erneuern. Der Umbau, bei dem die Stahlträger-Konstruktion der aktuellen Brücke erhalten und nur der hölzerne Teil neu gemacht werden soll, darf die Stadt kei-

◁ *Der Palazzo Franchetti (s. S. 98) reiht sich ein in eine Folge prächtiger Fassaden nahe der Accademia-Brücke*

Canal Grande: Sightseeing vom Schiff aus

nen Cent kosten. Außerdem soll die Brücke barrierefrei sein.

31 [D7] **Gallerie dell'Accademia.** An der Accademia-Brücke liegen die Gallerie dell'Accademia, ein Museum venezianischer Kunst von Weltrang.

★ **165** [D7] **Palazzo Franchetti.** Auf der anderen Seite der Accademia-Brücke beeindruckt der Palazzo Franchetti, ein gotischer Bau aus der zweiten Hälfte des 16. Jh.. Im 19. Jh. kaufte den Palast Erzherzog Friedrich von Österreich, der dort im Alter von 27 Jahren verstarb. Der Garten wird von grimmig dreinblickenden Steinlöwen bewacht. Hier finden bisweilen Sonderausstellungen statt.

32 [E8] **Palazzo Venier dei Leoni.** Im unvollendeten Palazzo Venier dei Leoni ist heute die **Peggy-Guggenheim-Collection**, eine der größten Privatsammlungen moderner Kunst, untergebracht.

★ **166** [E8] **Palazzo Dario.** Der windschiefe Palazzo Dario aus dem 15. Jh. ist einer der ersten Renaissancebauten der Stadt. Die asymmetrische Fassade ist wie jene von Ca' d'Oro reich mit Marmor und Porphyr geschmückt. Bauherr war der aus der venezianischen Kolonie Kreta stammende Kaufmann Giovanni Dario, der wichtige Beziehungen zwischen Venedig und dem Morgenland aufbaute und pflegte. Auf dem Haus scheint ein Fluch zu liegen: Überdurchschnittlich viele Besitzer des Hauses starben eines unnatürlichen Todes. So steht der Palazzo schon lange leer, niemand möchte ihn haben.

33 [F8] **Santa Maria della Salute.** Die imposante Kirche Santa Maria della Salute ist ein Höhepunkt venezianischen Barocks. Sie wurde nach der Pest von 1630 aufgrund eines Gelübdes nach Plänen von Baldassare Longhena errichtet.

34 [F8] **Punta della Dogana.** Der Komplex der ehemaligen Meereszollstation stammt aus dem Jahr 1677. Die Punta – der Endpunkt des Canal Grande – erkennt man an ihrem Turm und der bekrönenden Figurengruppe von zwei Atlanten, die eine vergoldete Weltkugel tragen. Darauf steht Fortuna als Wetterfahne. Heute ist hier das Museum der Pinault-Foundation mit einer beispiellosen Sammlung moderner Gegenwartskunst beheimatet.

Verborgene Schätze: Entdeckungen auf den Inseln

Wer nach Venedig reist, vergisst häufig, dass die Lagunenstadt dem Meer ihren Reichtum verdankt und im Wasser und vom Wasser lebt. 550 km² umfasst die Lagune, zahlreiche Inseln gilt es in ihr zu entdecken. Jede hat ihren eigenen Charakter. Der Ausflug führt uns ins Reich der Toten, zu den Glasbläsern, den Spitzenklöpplerinnen, zum Weltgericht auf Mosaik, in Quarantäne, in die ehemalige Nervenheilanstalt der Lagunenstadt und mit dem Rad auf den Lido.

❹❸ Friedhofsinsel San Michele ★★★ [S. 143]

Die Friedhofsinsel San Michele liegt nur einen Steinwurf von der Stadt bzw. von den Fondamente Nuove [H3] entfernt, von wo die Linienschiffe abfahren.

Das Schiff hält nahe der **Kirche San Michele in Isola**. Sie war von 1212 bis zur Schließung durch Napoleon Anfang des 19. Jh. die Kirche des Inselklosters der Kamaldulenser. Der Sakralbau ist Mauro Codussis erstes Werk in Venedig. Er verkleidete die Klosterkirche zwischen 1469 und 1477 mit der **ersten Renaissancefassade der Stadt**.

Zum Friedhof wurde San Michele erst 1837, denn früher wurden die Venezianer in den Kirchhöfen der Innenstadt beerdigt, was aber wegen der Verseuchungsgefahr des kostbaren Trinkwassers aufgegeben wurde. Neben weiten, recht eintönigen Flächen von eng aneinanderliegenden Erdgräbern gibt es auf San Michele die charakteristischen „Schubladengräber" mit Fächern für die Urnen. Zudem gibt es viele **malerische Flecken** auf San Michele. In einer Ecke im Nordwesten findet sich der Bezirk mit den **Mausoleen**, eine erstaunliche Ansammlung von aufwendigen Grabdenkmälern. Im Osten des Friedhofs liegen die zum Teil wild überwucherten **Abteilungen für Angehörige protestantischen und orthodoxen Glaubens**. Hier herrscht keine drangvolle Enge. Es gibt auch nur selten frische Gräber, dafür sind aber die **Ruhestätten bekannter Persönlichkeiten** wie Diaghilew, Strawinsky, Joseph Brodsky oder Ezra Pound zu besuchen.

Ganz modern wird es im nordöstlichen Teil der Friedhofsinsel. Da es auf dem begrenzten Friedhofsareal langsam sehr eng wurde, musste Abhilfe geschaffen werden. So wurde nach Plänen des englischen Stararchitekten David Chipperfield Platz für neue Grabstätten geschaffen. Massiv und sehr würdig steht der neue „Hof der vier Evangelisten" mit vielen neuen Grabstätten auf einem Stück Land, das man dem Meer durch Aufschüttung mühsam abgerungen hat.

› Auf die Insel San Michele kommt man mit den Linien 4.1 und 4.2 von den Fondamente Nuove. Im Winter schließt der Friedhof um 16 Uhr.

◁ *Blick vom Campanile ❶❾ auf dem Markusplatz auf die langgestreckte Friedhofsinsel San Michele*

Venedig entdecken
Verborgene Schätze: Entdeckungen auf den Inseln

44 Murano ★★ [S. 143]

Murano liegt San Michele gleich gegenüber. Die Insel ist eine Welt für sich und lebt ganz mit und vom Glas.

Die Kunst, Gegenstände aus Glas herzustellen und zu formen, kam im 10. Jh. aus dem Orient (Byzanz) nach Venedig und wurde bis 1291 auch in der Stadt Venedig ausgeübt. Zu diesem Zeitpunkt wies die Stadtverwaltung alle Glasbläser an, in Murano zu leben und zu arbeiten. Grund für diese Maßnahme war die **hohe Brandgefahr**, die von den Glasöfen ausging, wohl aber auch, die Glasbläser überwachen zu können und zu „kasernieren", damit das **technische Wissen um die Glasherstellung** nicht verbreitet werden konnte: Auf Flucht oder Verrat stand die Todesstrafe.

Es ist hochinteressant, den **Glasbläsern** bei ihrer Arbeit zuzusehen, denn dort hat sich offenbar seit Jahrhunderten nichts geändert. Glashüttenführungen sind überall und jederzeit auf Murano möglich.

Interessant ist die von drei Seiten zugängliche Kirche **Santi Maria e Donato** mit einer herrlichen Chorpartie, einer zweistöckigen Arkadenwand und einem Mosaikfußboden, der dem der Markuskirche vergleichbar ist. Die Kirche gehört zu den ältesten in der Lagune, ihre Gründung geht auf die große Flüchtlingswelle in die Lagune im 7. Jh. zurück. Sie war zunächst nur Maria geweiht, doch als 1125 der Leichnam des hl. Donatus aus Sizilien auf die Insel gebracht wurde, wurde der Name der Kirche erweitert. Neben der Markuskirche in Venedig ist sie **eines der wichtigsten Beispiele des veneto-byzantinischen Stils**.

› Nach Murano gelangt man u. a. mit den Linien 4.1 und 4.2 von den Fondamente Nuove. Von Piazzale Roma aus fährt alternativ die Linie 3 durch den Westteil der Stadt und von San Zaccharia (Markusplatz) aus die Linie 7.

Verborgene Schätze: Entdeckungen auf den Inseln

㊺ Torcello ★★ [S. 143]

Es fällt schwer, sich vorzustellen, dass auf dieser Insel einmal eine blühende Stadt mit mehr als 50.000 Einwohnern existierte, denn heute leben auf Torcello noch nicht einmal 20 Menschen.

Torcello war bereits eine bedeutende Stadt, als es Venedig noch gar nicht gab. Sie wurde aber ab dem 12. Jh. immer mehr von Venedig überflügelt und schließlich verdrängt. In erster Linie wohl auch deshalb, weil der Adel von dort nach Venedig übersiedelte.

Die Kathedrale **Santa Maria Assunta** wurde erstmals im Jahre 639 erwähnt. Der heutige Bau entstand durch Erweiterung 1008. Das Äußere ist schlicht und verrät nichts von der Pracht im Innern. Der **Marmorfußboden** aus dem 11. Jh. beeindruckt. Höhepunkt der Ausstattung ist das **große Weltgerichtsmosaik** an der Fassadeninnenwand aus dem 12. Jh. Es gibt einen Audioguide, auch auf Deutsch. Einen besonders schönen Blick über Insel und Lagune bietet der dazugehörige **Kirchturm** (ohne Aufzug).

Gegenüber der Kirche präsentiert das **Museo dell'Estuario** Fundstücke aus der Lagune und Exponate zur Geschichte Torcellos.

› Museum und Kirche: tägl. (im Winter nicht montags und feiertags) 10.30–18 Uhr (im Winter nur bis 17 bzw. 16.30 Uhr), Kombi-Ticket für Kirche, Museum und Kirchturm **(Kirchturm und Museum aktuell wegen Renovierung geschlossen!)**

› Die Schiffe der Linie 12 fahren nach Torcello und Burano von den Fondamente Nuove aus. Zwischen Burano und Torcello pendelt die Linie 9. Die Fahrtzeit nach Torcello beträgt insgesamt gut eine Stunde.

KURZ & KNAPP

Das Jüngste Gericht in kleinen Steinchen

In sechs Bilderstreifen wird in Santa Maria Assunta das Jüngste Gericht in teilweise schaurig-realistischen Szenen dargestellt. Drohungen schienen damals mehr zu wirken als Verheißungen, denn die **Hölle** ist viel eindringlicher geschildert als das **Paradies**. Über der Hölle sind die Verdammten sichtbar, die von zwei Engeln zurückgestoßen werden und im Höllenfeuer schmoren.

㊻ Burano ★ [S. 143]

Auf Burano wohnen etwa 5000 Einwohner, die zu einem großen Teil noch vom Fischfang oder von der Fischzucht leben. Keine wesentliche Bedeutung mehr hat die **Spitzenmanufaktur**, die Burano berühmt gemacht hat. Lediglich in der Spitzenschule (Scuola dei Merletti) beim **Museo dei Merletti**, einer Unterabteilung des Correr-Museums, wird die Tradition noch gepflegt. Echte Burano-Spitze ist nach wie vor reine Handarbeit und sehr teuer, aber auch sehr wertvoll. Doch für die Besucher gilt immer noch: Was für Murano das Glas, sind für Burano die Spitzen.

Burano fasziniert durch die **Farbigkeit ihrer Gässchen und Plätze**.

› Die großen Schiffe der Linie 12 fahren von den Fondamente Nuove und der Haltestelle San Zaccharia nach Burano. Linie 9 pendelt zwischen Burano und Torcello. Gut eine Stunde Fahrtzeit einplanen.

◁ *Moderne Glaskunst findet sich überall auf der Insel Murano*

Venedig entdecken
Verborgene Schätze: Entdeckungen auf den Inseln

❹❼ San Servolo ★★ [S. 143]

Die Schiffslinie 20 bringt einen in 10 Minuten von San Zaccharia auf die Insel San Servolo – ein ganz besonderer Ort.

Bereits im Jahre 810 ließen sich auf San Servolo Benediktinermönche nieder. Bis zur Mitte des 18. Jh. blieb die Insel ein Kloster, dann wurde sie in eine Krankenhaus-Insel umgestaltet. Auf einer Fläche von 16.000 m², wo in früheren Jahrhunderten auch Wein- und Obstgärten kultiviert wurden, befinden sich heute die als Universitätsgebäude genutzten ehemaligen Kloster- bzw. Krankenhausräumlichkeiten und **wunderbare Parkanlagen.** Die Insel samt Gebäuden ist nach einer Grundsanierung erst seit 2004 für die Öffentlichkeit zugänglich.

Rund 250 Jahre lang waren auf San Servolo – eigentlich mitten in Venedig, aber doch nahezu unerreichbar und weit weg – **psychisch Kranke untergebracht.** Die Nervenheilanstalt Venedigs schloss erst 1978 aufgrund eines nationalen Gesetzes seine Pforten. Unter der Obhut des Ordens der Barmherzigen Brüder („Fatebenefratelli") wurden die psychisch Kranken dort bewusst – und staatlich verordnet – isoliert und „weggesperrt". In einem Museum, dem **Museo del Manicomio di Venezia,** wird heute die Geschichte der Behandlung psychisch Kranker in Venedig und die damit verbundene Geschichte der Insel interessant aufgearbeitet und anschaulich dargestellt. Man bekommt einen interessanten Einblick in einen verborgenen Aspekt venezianischer Geschichte und in die nationale Herangehensweise an die Versorgung psychisch Kranker in früheren Jahrhunderten in Italien.

› Das Museo del Manicomio di Venezia (teilweise in den offiziellen Infobroschüren Venedigs auch als „Museo della follia a San Servolo/Madness Museum at San Servolo" bezeichnet) kann mit einer **Führung** besucht werden. Die Führung widmet sich auch den Gärten und der Kirche sowie der historischen Apotheke der Insel. Telefonische Reservierung nötig: Tel. 041 5240119 (Mo.-Do. 9.30-17, Fr. 9.30-15.30 Uhr), www.sanservolo.provincia.venezia.it, Eintrittsgebühr.

❹❽ Lazzaretto Nuovo ★★ [S. 143]

Seit 2009 erst ist die Insel Lazzaretto Nuovo wieder erreichbar und mit Führungen erlebbar. Die Insel war aufgrund ihrer geografischen Lage in der Geschichte Venedigs lange von strategischer Bedeutung, da sie am Eingang zur Lagune Richtung Festland liegt. Auf dieser noch weitgehend unbekannten Insel kann man einen Ausflug in Natur, Geschichte und Archäologie erleben – ein Kontrastprogramm zu den Sehenswürdigkeiten und Menschenmengen des „Centro Storico" Venedigs.

Im 12. Jh. bauten die Mönche von San Giorgio Maggiore eine kleine Kirche, die dem heiligen Bartholomäus geweiht war. Ab dem 15. Jh. fing ihr Dasein als **Quarantäne-Insel** an. Auf ihr wurden Waren zwischengelagert, an denen man Krankheitserreger vermutete. Gleichzeitig errichtete man Krankenhäuser *(lazzaretti),* darunter das sogenannte „Tezon Grande", mit 100 m Länge neben den Seilerwerkstätten im Arsenal der Stadt das damals größte öffentliche Gebäude Venedigs. Man gab dem neuen „Lazzaretto" den Namen „Lazzaretto Nuovo", um es vom bereits nahe dem Lido existierenden zu unter-

Verborgene Schätze: Entdeckungen auf den Inseln

scheiden. 1576 wurde die Insel **während der damaligen Pestepidemie zum Zwangsaufenthaltsort** für möglicherweise von der Krankheit angesteckte Personen. In alten Aufzeichnungen wird von rund zehntausend Menschen auf Lazzaretto Nuovo berichtet. Weiter genutzt wurde die Insel dann erst wieder unter Napoleon und den Österreichern, als man Wohn- und Lagergebäude für militärische Zwecke dort einrichtete. Ein Rest dieser Befestigungsanlagen zeugt noch heute davon. Das italienische Heer nutzte die Anlagen bis 1975.

Auf einem etwa einen Kilometer langen, ausgeschilderten Weg, dem früheren Wachweg der Soldaten rund um die Insel, kann man in die **Pflanzen- und Tierwelt der Lagune** eintauchen und einen Rundumblick in die Lagune genießen. Eine Ausstellung präsentiert die Ergebnisse anthropologischer Forschungen, die zwischen 2006 und 2008 auf dem alten Friedhof der Insel gemacht wurden.

› Man kommt nur im Rahmen einer Führung auf die abgeriegelte Insel: April-Okt. Sa. u. So. um 9.45 und 16.30 Uhr (nach Ankunft der Schiffslinie 13, Abfahrt von Fondamente Nuove um 9.25 oder 16.10 Uhr, Bedarfshalt zwischen den Stationen „Vignole" und „Sant'Erasmo Capannone" anmelden!).

› Weitere **Infos:** www.lazzarettonuovo.com

49 Lido ★★ [S. 143]

Der Lido ist nicht Venedig! Ein richtiger Venezianer blickt herablassend auf die Lido-Bewohner, und wer auf dem Lido wohnt, würde sich niemals als Venezianer bezeichnen.

Die schmale Insel des Lido ist für die Venezianer in erster Linie das **Seebad vor ihrer Haustür.** Hierher ziehen

Vampire in der Lagune

International bekannt wurde die Insel Lazzaretto Nuovo in unserer Zeit vor allen Dingen durch ihre **Pestvergangenheit.** *In den Medien kursierte folgende Geschichte: Archäologen gruben dort das gut erhaltene Skelett einer rund 60 Jahre alten Frau aus, die 1576 an der Pest gestorben war. Das Besondere: In ihrem Mund steckte ein Stein. Von den Medien wurde sie als die* „**Vampir-Frau**" *bezeichnet.*

Es wurde berichtet, dass die Archäologen glaubten, man habe dem sich zersetzenden Körper der Frau Jahre nach ihrem Tod den Stein in den Mund gesteckt, um den Vampir in ihr zu töten. Vermutlich hatte man einst das Massengrab, in dem sie lag, wieder geöffnet, um frische Tote einer neuen Pestepidemie zu begraben. Dabei sah man ihren halb verwesten Körper, aus dessen Mund Blut tropfte, und ein Leichentuch, das vor dem Mund durchlöchert war. Für die Archäologen heute ein leicht zu erklärender Prozess – für die Menschen damals der Beweis dafür, dass die Leiche eine Untote, ein Vampir, sein müsste. Durch den **Stein im Mund** *sollte er zum Verhungern gebracht werden.*

Dabei stammt das Blut im Mund nach heutiger Erkenntnis von sich zersetzenden Organen und das Loch im Leichentuch von Bakterien aus der Mundhöhle. Der Fund des „Vampirskeletts" erwies sich allerdings als Falschmeldung, machte aber die Insel und ihre Vergangenheit weithin bekannt.

Verborgene Schätze: Entdeckungen auf den Inseln

sie im Sommer, hier mieten sie eine der Hütten *(capanne)* am Strand, hier findet zwischen Juni und September das sommerliche Familienleben statt. Doch der Lido ist nicht nur Strand, er ist auch Schauplatz der alljährlich im September stattfindenden **Filmfestspiele**, wenn sich Stars und Sternchen im Palazzo del Cinema treffen. Der Lido ist aber vor allem auch die Barriere, die die Lagune gegen die Adria abgrenzt, ein **einzigartiges Ökosystem** und ein eigenartig schmales Streifchen Land, das sich zart und doch wuchtig den Gezeiten entgegenstemmt und Venedig schützt. Nur drei Öffnungen gibt es zum Meer, dort findet der Austausch des Wassers statt.

Einen Besuch wert ist der **jüdische Friedhof** unweit der Kirche San Nicolò (von der Schiffsanlegestelle Santa Maria Elisabetta nach links). In der Via Cipro werden seit dem 14. Jh. die Juden beerdigt. Sehr malerisch und überwuchert ist der Teil aus dem 18. Jh.

› Lido, Riviera San Nicolò, Informationen zu Führungen im jüdischen Museum im Ghetto (s. S. 42), Kopfbedeckung für Männer obligatorisch

Auf dem Lido kann man sommers wie winters **stundenlange Spaziergänge** am Meeressaum entlang machen. Auch die der Lagune zugewandte Seite bietet Möglichkeiten für ausgedehnte Läufe.

Radfreunde können sich unweit des Schiffsanlegers Räder mieten und an der Wasserseite entlang **bis Alberoni** im Süden radeln. Der öffentliche Strand liegt hier in hohen, unberührten Dünen. Die Öffnung zum Meer, die hier überwunden werden muss, um nach **Pellestrina** zu kommen, ist die am meisten befahrene der Lagune. Große Öltanker passieren sie auf ihrem Weg zu den Raffinerien von Porto Marghera. Die Autofähre am Ende der Insel braucht etwa 10 Minuten über die „Bocca di Malamocco" und schon ist der Radfahrer auf der Insel Pellestrina. Die gleichnamige Siedlung ist ein malerischer Fischerort. Am äußersten Ende Pellestrinas macht die Radtour eine Wende, um dann den gleichen Weg in entgegengesetzter Richtung wieder zurück zum Radverleih am Lido einzuschlagen (Strecke insgesamt ca. 40 km).

› **Weitere Radtouren** finden sich in den zwei deutschsprachigen Büchern „Lagune von Venedig" und „Östliche Lagunen" mit dem Untertitel „Radwandern in der Lagunenlandschaft Venetiens", die zwar in einem italienischen Verlag (Edicicloeditore) erschienen, aber auch im deutschen Buchhandel erhältlich sind.

KLEINE PAUSE

167 Da Celeste, Pellestrina, Sestier Vianelli 625, direkt am Wasser, Tel. 041 967043, tägl. außer Mi., Okt–März geschlossen. Ein „himmlisches" Fischrestaurant – hier isst man, was gerade frisch aus dem Meer kommt. Gastfreundschaft und Essensqualität machen jeden Preis angemessen. Unbedingt reservieren und sich nach den Fährzeiten richten!

Praktische Reisetipps

An- und Rückreise

Mit dem Flugzeug

Venedigs **internationaler Flughafen Marco Polo** (www.veniceairport.it) liegt am Rande der Lagune, elf Kilometer vom Stadtzentrum entfernt. Auch **Treviso** hat einen eigenen internationalen Flughafen, Canova (www.trevisoairport.it). Dieser Flughafen ist wichtig, wenn in Venedig Nebel herrscht, dann werden alle Flüge dorthin umgeleitet und ein Buspendelverkehr kommt zum Einsatz. Von Deutschland aus wird Treviso mit Ryanair von Bremen, Düsseldorf, Frankfurt (Hahn), Hannover, Köln und Stuttgart angeflogen. Nach Venedig-Marco Polo gibt es (z. T. mehrmals täglich) Direktverbindungen mit München, Frankfurt, Düsseldorf, Stuttgart, Hamburg, Hannover, Berlin, Wien, Basel, Genf und Zürich.

Aus Deutschland, Österreich und der Schweiz fliegen derzeit die folgenden Fluggesellschaften nach Venedig:
- **Air Berlin:** www.airberlin.com
- **Austrian Airlines:** www.austrian.com
- **easyJet:** www.easyjet.com
- **Germanwings:** www.germanwings.com
- **Lufthansa:** www.lufthansa.com
- **Ryanair:** www.ryanair.com
- **Swiss:** www.swiss.com

Vom Flughafen Marco Polo gibt es gute, regelmäßige **Busverbindungen nach Venedig** und zu anderen Städten in Venetien. Die Haltestellen finden sich direkt vor den Ankunfts- und Abflughallen. Etwa alle 20 Minuten fahren die Linie 5 (Actv, Aufschrift „aerobus", 6 €) und die blaue Linie 35 (Atvo, ohne Zwischenstopps, 6 €) bis Piazzale Roma [A5], dem Busbahnhof Venedigs. (Tickets am Automaten an der Haltestelle oder schon in der Halle bei den Gepäckbändern – vor Fahrtantritt entwerten!)

Gleiches gilt für die Fahrt zurück zum Flughafen. Die Haltestelle der Linie 5 liegt am unteren Rand der Piazzale Roma, bei A1. Die blaue Linie 35 hält bei D2. Dort fahren auch die Busse zum Flughafen Treviso (Ryanair). Die Fahrt mit der Linie 5 kann zu den Mehrtageskarten dazugebucht werden (s. S. 128).

Zwischen dem Flughafen Treviso und Piazzale Roma in Venedig verkehren regelmäßig Busse der Gesellschaft Atvo (blaue Busse).
- **Infos:** www.actv.it, www.atvo.it

EXTRATIPP

Mit dem Schiff vom Flughafen in die Stadt
Besonders reizvoll ist es, sich Venedig vom Flughafen aus per Schiff zu nähern. Die Fahrt mit **Alilaguna** zum Markusplatz dauert rund eine Stunde und zehn Minuten und kostet 15 €. Fahrkarten gibt es am Alilaguna-Kiosk, am Automaten in der Ankunftshalle oder am Schalter am Schiffsanleger. Der überdachte Fußweg zur Anlegestelle dauert etwa 7 Minuten. Es gibt **vier unterschiedliche Routen:** blau, rot, orange und golden. Sie fahren jahreszeitlich unterschiedlich. Wer das erste Mal nach Venedig kommt, sollte diese längere und teurere Variante nutzen, sich der Stadt zu nähern. Infos und (verbilligte) **Online-Buchung** unter www.alilaguna.it, www.venicelink.com oder www.veniceconnected.com. **Taxiboote für Einzelreisende** brauchen nur etwa 20 Minuten in die Innenstadt, kosten dafür aber gut das Achtfache.

◁ *Vorseite: Abseits des touristischen Zentrums der Stadt ist es erlaubt, Wäsche in den Gassen zu trocknen*

Praktische Reisetipps
An- und Rückreise

Mit dem Zug

Praktisch ist die Anreise mit der Bahn, denn der **Bahnhof Venezia Santa Lucia** liegt direkt am Canal Grande. (Venezia-Mestre ist der Bahnhof auf dem Festland.) Die Verbindungen aus Deutschland, Österreich und der Schweiz sind recht gut. Es gibt Züge am Tag ab Basel und Zürich (via Gotthard oder Lötschberg), München (über den Brenner mit Umstieg in Verona) und Wien über Villach (ab hier mit Bus). Nachtzüge mit Liege- und Schlafwagen fahren ab München und Wien. Der Bahnhof wird momentan umgebaut.
- 168 [B3] **Bahnhof Venezia Santa Lucia**

Alle Züge nach Italien sind reservierungspflichtig. In den Sommermonaten und zu Ferienzeiten ist eine **langfristige Reservierung** sowohl für Sitz- als auch für Liege- und Schlafplätze dringend angeraten.

Die **Gepäckaufbewahrung** *(Deposito bagagli)* liegt an Gleis 1 *(Binario 1)*. Sie ist – wie der Bahnhof – von 0 bis 6 Uhr geschlossen, die Öffnungszeiten können nach Jahreszeit variieren. Ein Gepäckstück kostet 5 € für fünf Stunden, die ersten fünf Stunden sind zahlbar bei Abgabe des Gepäcks, was darüber hinausgeht bei Abholung. Die 6.–12. Stunde kostet 70 Ct/Std., ab der 13. Stunde 30 Ct/Std.
> **Tourist-Info** und **Hotelauskunft** sind im Bahnhof gleich bei den Ausgängen.
> Die **Zugauskunft** ist in Italien unter Tel. 892021 (Callcenter Trenitalia) erreichbar (nur in Italien, ohne die sonst notwendige Vorwahl, oder www.trenitalia.com).
> In Italien gekaufte Bahntickets für den Fernverkehr müssen an **speziellen Ticketautomaten** vor den Gleisen abgestempelt werden. Wird dies versäumt, ist eine Verwarnungsgebühr fällig.
> Wer mit dem Nachtzug ankommt und sich gerne erst einmal frisch machen möchte, dem seien die öffentlichen **Duschen** direkt im Bahnhof empfohlen. Sie sind recht ordentlich und befinden sich am Gleis 1.

Mit dem Auto

Für Österreich und die Schweiz (als Transitländer) sind **Autobahn-Vignetten** nötig. Sie sind bei den Automobilklubs, in grenznahen Rastanlagen, an manchen Tankstellen und direkt an den Grenzübergängen erhältlich. Eine zusätzliche Maut wird für die **Brennerautobahn** und für den **Grossen-Sankt-Bernhard-Tunnel** erhoben. Die Maut auf der italienischen **Autostrada** wird nach der Strecke berechnet und ist an der Ausfahrtkontrolle zu bezahlen.

Mit dem Schiff

Wer in Venedig mit dem Schiff ankommt, landet in einem der beiden **Kreuzfahrthäfen**, Stazione Marittima am Ende der Zattere (Canale della Giudecca) oder Riva dei Martiri in der Nähe der Giardini im Stadtteil Castello. Von der Stazione Marittima aus bieten Kreuzfahrtveranstalter Shuttles ins Zentrum von Venedig. Von manchen Anlegestellen aus erreicht man auch den Schiffslinienverkehr. Infos zum Kreuzfahrthafen Stazione Marittima und einen Lageplan mit Anbindung an den innerörtlichen Schiffsverkehr finden sich unter www.vtp.it.
- 169 **Terminal der Kreuzfahrtschiffe**, Venezia Terminal Passeggeri, Marittima, fabbricato 248, Tel. 041 5334860
> Eine Anlegestelle für kleine **Schiffe und Segelboote** liegt auf der Isola di Sant' Elena im Osten der Altstadt hinter den Giardini.

Autofahren

Venedig ist eine der wenigen Städte der Welt, bei denen von einer Anreise mit dem Auto völlig abzuraten ist: In der Stadt gibt es keine Straßen! Einziger Ausweg: den Pkw vor der Stadt oder auf dem Festland parken. Und das ist teuer! Ermäßigungen erhält man mit Parkkarten aus dem Vorverkauf über www.veniceconnected.com.

Parken

Von Mestre kommend kann man das Auto entweder in einem der teuren Parkhäuser von **Piazzale Roma** [A5] abstellen oder es kann auf der nahegelegenen, künstlich aufgeschütteten Parkinsel **Tronchetto** geparkt werden, wo ebenfalls Parkhäuser und Parkplätze liegen.
› Infos, Vorbuchung: www.veniceparking.it

Wer die teuren Gebühren von Piazzale Roma scheut, kann seinen Wagen auf einem der zwei **Großparkplätze auf dem Festland**, in Mestre oder am Rand der Lagune in Treporti bzw. Punta Sabbioni lassen und mit Linienbus oder Schiff in die Stadt fahren.

Tanken

Senza piombo ist **Super** bleifrei (95 Oktan), Super Plus oder Euro Plus entspricht dem deutschen **Super Plus** bleifrei (98 Oktan). **Diesel** heißt *gasolio*. Das Preisniveau ist aktuell deutlich höher als in Deutschland.

EXTRATIPP

Nie ohne Warnweste!
Nicht vergessen: Bei Autofahrten in Italien und Österreich müssen Warnwesten mitgeführt werden, sicherheitshalber auch für den Beifahrer.

Barrierefreies Reisen

Gerade das, was Venedig so einmalig macht, macht es **Gehbehinderten** und Rollstuhlfahrern sehr schwer: Venedig ist die Stadt der Brücken – und meist haben sie Stufen. Die **Venezianer** sind jedoch **ausgesprochen hilfsbereit** und helfen gerne beim Überqueren von Brücken. Glücklicherweise werden immer mehr Brücken mit schiefen Ebenen versehen. Ebenso gibt es öffentliche **behindertengerecht ausgebaute Toiletten**. Besonders rollstuhlfreundlich ist Venedig von September bis Jahresende. In diesem Zeitraum sind viele Brücken mit Schrägen erreichbar, um den Läufern des Venice Marathon (s. S. 14) den Weg zu ebnen.

In einen speziellen **Stadtplan** der Touristeninformation wurden die Zonen der verschiedenen Stadtteile orange eingezeichnet, die von der jeweiligen Schiffsanlegestelle des Linienbootes ohne Barrieren zu erreichen sind. Infos auch unter www.venedig.net/fortbewegung/behindertengerechte.htm. Natürlich kommt man nicht überall hin, aber man kommt erstaunlich weit herum.

Mit den **öffentlichen Verkehrsmitteln** ist es in Venedig für Rollstuhlfahrer leichter. Die Decks der beigen Vaporetti (Linien 1, 2, N) sind eben. Auf die schlankeren, weißen Boote passen hingegen keine Rollstühle. Rollstuhlfahrer zahlen 1,10 € pro Fahrt, eine Begleitperson ist kostenlos. **Blinde** können in den Tourist-Infos Detailkarten in Braille ausleihen.

◁ *Die mächtigen Gebäude Venedigs sehen neben den riesigen Kreuzfahrtschiffen, die durch den Giudecca-Kanal fahren, winzig aus*

Diplomatische Vertretungen

› **Deutsche Botschaft (Ambasciata di Germania)**, Via San Martino della Battaglia 4, Rom, Tel. 06 492131 oder in dringenden Notfällen 0335 7904170, www.rom.diplo.de
› **Österreichische Botschaft (Ambasciata di Austria)**, Via Pergolesi 3, Rom, Tel. 06 8418212, www.aussenministerium.at/rom
› **Schweizer Botschaft (Ambasciata di Svizzera)**, Via Barnaba Oriani 61, Rom, Tel. 06 809571, www.eda.admin.ch/roma

●**170** [B5] **Deutsches Honorarkonsulat (Consolato Onorario di Germania)**, Palazzo Condulmer, S. Croce 251, Tel. 041 5237675, hkdvenedig@gmail.com
●**171** [B5] **Österreichisches Honorarkonsulat (Consolato Onorario di Austria)**, Palazzo Condulmer, S. Croce 251, Tel. 041 5240556, consolato.austria@zoppas.com
●**172** [D8] **Schweizer Konsulat (Consolato di Svizzera)**, Dorsoduro 810, Campo S. Agnese, Tel. 041 5225996, venedig@honorarvertretung.ch

Geldfragen

Es gibt sehr viele Banken in Venedig, die über internationale Geldautomaten (Bancomat) verfügen. **Versorgen Sie sich an Wochenenden oder Feiertagen frühzeitig mit Geld**, denn die Automaten sind bei besonders starkem Touristenansturm schnell leer. Dennoch ist es am sinnvollsten, Bargeld erst in Italien mit **Maestro-(EC-)Karte oder Kreditkarte** und Geheimnummer aus dem Geldautomaten zu holen. Je nach Hausbank wird dafür eine Gebühr berechnet.

Venedig preiswert

› **Mit Karte sparen:** Die günstigste Art, in Venedig viele Kultureinrichtungen zu besuchen, ist die **Venicecard**. Sie gilt ab der ersten Benutzung sieben Tage und gewährt kostenlosen Eintritt in den Dogenpalast und die zehn städtischen Museen wie z.B. das Correr-Museum, in die 16 in Chorus zusammengeschlossenen Kirchen (s. S. 61), ins Museum Querini-Stampalia und das Jüdische Museum sowie eine Reihe von **Ermäßigungen** in anderen Museen und Ausstellungen. Die Venicecard erhält man vor Ort am Flughafen, am Bahnhof, in den Touristeninformationen (s. S. 111) oder an Schiffshaltestellen. Wichtig: Wenn man die Venicecard vorlegt, bekommt man in vielen weiteren Kultureinrichtungen, Geschäften, Restaurants und Einrichtungen Ermäßigungen.
Sie kostet 29,90 € für 6- bis 29-Jährige und 39,90 € ab 30 Jahren. (Infos: www.venicecard.it)

› **Stehend satt werden:** Wenn man in Italien in einer Bar seine Mahlzeiten **im Stehen** statt im Sitzen einnimmt, kostet es deutlich weniger. Die Preise für beide Varianten müssen gut sichtbar ausgehängt sein.

› **Preiswert essen:** Wer in Venedig **mittags günstig essen** möchte, sei auf die **Bàcari** oder die zahlreichen **Bars** verwiesen, in denen **Tramezzini**, ein typisch venezianisches Weißbrotdreieck, das von seinen Füllungen lebt, und **Panini**, knusprige, fantasievoll belegte Brötchen, angeboten werden. In den Bàcari kann man sich am Tresen die kleinen, typisch venezianischen Spezialitäten (**Cicchetti**) aussuchen und im Stehen mit einem Teller voller Köstlichkeiten durchaus schon ab 5 € satt werden.

› **Günstig gondeln:** Mit **Gondelfähren, Traghetti**, die im Pendelverkehr an acht Stellen Fußgänger über den Canal Grande bringen, kommt man am günstigsten zur Fahrt in einer Gondel. Für 2 € wird man stehend von einem Ufer zum anderen gebracht. Eine reguläre Gondelfahrt kostet hingegen ab 80 € aufwärts.

› **Kostenlos Musik genießen:** In der Regel samstags um 17 Uhr spielen junge Künstler in den Räumen eines Palazzo aus dem 16. Jh. mit dem Interieur aus dem 18. Jh. Musik alter Meister. Die Konzerte im **Museo della Fondazione Querini-Stampalia** (s. S. 42) sind kostenlos, man muss nur den normalen Museumseintrittspreis entrichten (10 €, erm. 8 €).

› **Junge Leute sparen:** Der **Ermäßigungsausweis „Rolling Venice"** ist ein Ausweis für junge Leute zwischen 14 und 29 Jahren, der sich lohnt. Personalausweis, Passfoto und 4 € genügen, dann gibt es Ermäßigungen zwischen 10 und 50 Prozent, z. B. bei den öffentlichen Verkehrsmitteln, in Museen und in Hotels und Restaurants. Mit der Karte bekommt man z. B. die 72-Stunden-Schiffsfahrkarte für 18 statt für 31 €. Erhältlich in jeder Touristeninformation und an manchen Schiffshaltestellen, Infos unter www.hellovenezia.com (bei „Venicecard" - „Rolling Venicecard").

› *Reise Know-How lesen und günstig surfen:* 20 % Rabatt in ausgewählten Internetcafés (s. S. 114)

EXTRATIPP

Quittung aufheben!

Ganz wichtig ist es in Italien, immer **die Quittung der Registrierkasse** aufzuheben. **Scontrino (fiscale)** oder **Ricevuta (fiscale)** nennt sich dieser Kassenbeleg. Es kann vorkommen, dass man nach Verlassen des Geschäftes, der Bar, des Restaurants oder des Hotels von Zivilbeamten der Guardia di Finanza aufgefordert wird, den *scontrino* vorzuzeigen. Hat man ihn nicht, zahlen der Geschäftsinhaber und der (meist unschuldige, weil unwissende) Kunde eine saftige **Geldstrafe,** die sofort vor Ort zu entrichten ist und bis zu 150 € betragen kann. Sinn der Aktion ist es, Steuerbetrügereien entgegenzuwirken. Wichtig zu wissen: Der Käufer ist immer schuld, denn nach italienischem Recht ist der Käufer dafür verantwortlich, sich die Quittung geben zu lassen.

Kreditkarten werden in ganz Italien akzeptiert. Auch mit der Maestro-(EC-)Karte (meist sogar ohne Geheimnummer) kann man bargeldlos in vielen Geschäften selbst geringe Beträge begleichen.

Venedig ist **keine preisgünstige Stadt.** Hier gibt man unter Umständen ein bisschen oder deutlich mehr Geld aus als in anderen italienischen Städten. Das liegt vor allem daran, dass alles, was in Venedig konsumiert wird, einen wesentlich längeren Weg zurückgelegt hat. Hier müssen sämtliche Waren von verschiedenen Transporteuren mit unterschiedlich großen Booten bis in den kleinsten Kanal gefahren und von dort mit Handkarren und Muskelkraft in das Lokal oder Geschäft transportiert werden. Und schließlich will noch jeder daran verdienen. Einige **Preisbeispiele** bieten einen Eindruck des Preisniveaus in Venedig:

› Einzelfahrt Vaporetto: 7 €
› Taxifahrt (10 Min.): 35 €
› Gondelfahrt (bis 50 Min.): 80 €
› 1 Flasche Mineralwasser (0,5 l): 0,60–3 €
› 1 Tasse Espresso: 1–6 €
› 1 Glas Hauswein *(ombra)* im Stehen in einer Bar: ab 1,50 €
› 1 Tramezzino (belegtes Weißbrot-Dreieck): ab 1,50 €

Hunde

Hunde müssen in Venedig an der **Leine** geführt werden. Auf dem Schiff benötigen Hunde darüber hinaus einen **Maulkorb. Hundekot** muss vom Besitzer aufgesammelt und entsorgt werden.

Informationsquellen

Infostellen zu Hause

› **Italienische Zentrale für Tourismus Enit** (Ente nazionale italiano per il turismo), Barckhausstraße 10, 60325 Frankfurt am Main; Mariahilfer Str. 16/B, 1060 Wien; Uraniastr. 32, 8001 Zürich, www.enit.it/de

Infostellen in der Stadt

Die verschiedenen **APT-Stellen** (Azienda di Promozione Turistica), die Touristeninformationen von Venedig, haben alle sehr viel und sehr spezielles **Informationsmaterial.** Einen Übersichtsstadtplan bekommt man dort kostenlos. Die **Öffnungszeiten** der verschiedenen APTs anzugeben ist unmöglich, da sie sich, auch saisonal bedingt, ständig ändern. Es

Meine Literaturtipps

> *Mein absolutes Venedig-Lieblingsbuch:* **Tiziano Scarpa, „Venedig ist ein Fisch"**, Wagenbach-Verlag, Berlin. Ein kleines blaues Taschenbuch mit einem Fisch auf dem Titelblatt. Ach nein, das ist ja eine Abbildung von Venedig! – Ein Buch, das es einen lehrt, genau hinzusehen, hinzuhören, hinzuriechen, hinzufühlen. Ein Buch, das dem Leser einen völlig neuen Zugang zu Venedig eröffnet: mit den Füßen, den Ohren, dem Herzen, mit Mund, Nase und Augen. Ein Buch, das man so schnell nicht mehr aus der Hand legen will. Der venezianische Autor lässt uns wirklich teilhaben an den versteckten und offenkundigen Geheimnissen seiner Stadt.

> *Und gleich danach kommt auf meiner persönlichen Hitliste* **Dirk Schümer, „Leben in Venedig"**, List Taschenbuch, München. Das Buch ist eine behutsame, hintergründige Annäherung an eine ganz besondere Stadt und ihre Bewohner in vielen kleinen Kapiteln.

> **Gaston Salvatore, „Venedig. Das Insider-Lexikon"**, C.H. Beck Verlag, München. Eine alphabetische Annäherung an Venedig abseits der Trampelpfade. Ersetzt keinen Führer, ergänzt aber touristische Erläuterungen.

> **Salley Vickers, „Miss Garnet und der Engel von Venedig"**, List Taschenbuch, München. Nachdem Julia Garnet pensioniert wurde, reist die frühere Lehrerin nach Venedig, um dort einige Monate zu verbringen. Die kleine, verschrobene, ältliche Dame wagt eine Reise ins Unbekannte und lernt, endlich zu leben, zu lieben und sich für andere zu interessieren. Den Roman gibt es inzwischen schon einige Jahre, der Effekt, den er nach sich zieht, wird aber jetzt erst wirksam: Die Kirche des Erzengels Raffael, um den sich die Geschichte dreht, wurde aufpoliert und ist nun häufiger geöffnet, das Gästebuch in der Kirche zeugt zudem von vielen „Miss-Garnet-Pilgern".

> *Seit 1996 hat die Amerikanerin* **Donna Leon** *inzwischen 20 kriminalistisch angehauchte Stadtbeschreibungen (alle im Diogenes Verlag, Zürich, erschienen) verfasst. 18 Fälle ihres* **Commissarios Brunetti** *wurden mittlerweile auch schon fürs deutsche Fernsehen verfilmt. Niemand kann dem Schauplatz Venedig literarisch so viele Facetten abgewinnen wie sie.*

> **Ulrich Tukur, „Die Seerose im Speisesaal: Venezianische Geschichten"**, List Taschenbuch, München. Der bekannte deutsche Schauspieler Ulrich Tukur lebt schon lange in Venedig. Wer offenen Auges durch die Lagunenstadt wandert, wird ihm (vor allem auf der Giudecca) bisweilen begegnen. Kleine Oden an Venedig hat Tukur hier geschrieben, nein, eigentlich könnte man fast sagen, er besinge seine Wahlheimat. Momentaufnahmen werden zu kleinen Fabulierstücken.

> **Christina Björk und Inga-Karin Eriksson, „Lavendel in Venedig"**, C. Bertelsmann Verlag, München. Der Band gibt auf kindliche, aber auch für Erwachsene gut lesbare Weise viele Informationen zur Lagunenstadt aus dem Blickwinkel eines Kindes.

Praktische Reisetipps
Informationsquellen

kann sein, dass einige Büros über Mittag geschlossen sind, das Büro am Markusplatz schließt bereits um 15.30 Uhr.

› Telefonisch ist die APT von Venedig unter Tel. 0039 041 5298711 zu erreichen (man spricht auch deutsch). Per Post: APT, Castello 5050, I–30122 Venezia, Fax 0039 041 5230399
› www.turismovenezia.it (Italienisch und Englisch). Hier gibt es auch Hinweise zu Ausstellungen, historischen Festen oder darüber, wie Menschen mit Behinderungen sich in der Stadt zurechtfinden können.
❶ 173 [B3] **APT Stazione (Touristinfo)**, im Bahnhof Santa Lucia
❶ 174 [G7] **APT San Marco 71 F (Touristinfo)**, unter den Arkaden der Procuratie Nuove, nahe dem Correr-Museum
❶ 175 [G7] **Venice Pavilion (Touristinfo)**, San Marco, Giardini Ex Reali
❶ 176 [A5] **APT Piazzale Roma (Touristinfo)**, Garage ASM, am landzugewandten Eingang zum Platz, auf der Terrasse
❶ 177 **APT Tessera (Touristinfo)**, am Flughafen Marco Polo

Venedig im Internet

› Gute touristische Infos: **www.turismo.provincia.venezia.it**, **www.venezia.net** (italienisch und englisch) oder **www.doge.it** (englisch)
› Informationen über den innerstädtischen Verkehr und zu Events sowie Eintrittskarten: **www.hellovenezia.com** (englisch, französisch, italienisch)
› Eine nette Spielerei zur Reisevorbereitung: Mit der virtuellen Kamera durch Venedig und einige Museen laufen: **http://maps.veniceconnected.it/en.**
› **www.vivaticket.it** bietet die Eintrittskarten zu den städtischen Museen im Vorverkauf.
› Ein wunderbarer Blick hinter die Kulissen der Stadt mit sehr informativem Film über die Entstehung und Probleme Venedigs bietet **www.venicebackstage.org**.
› Eindrücke von Rettungsbemühungen um Venedig: **www.veniceinperil.com**
› Hotels: **www.hotelsvenezia.com** … äh: **www.veneziasi.it**, **www.venezia.net** und **www.venere.com/de/italien/venedig.** Bed&Breakfast: **www.vacanzeinfamiglia.it**
› Zu einzelnen Veranstaltungen: **www.carnevale.venezia.it** oder **www.regatastoricavenezia.it**
› Webcam auf dem Markusplatz: **www.comune.venezia.it**, „Turismo" anklicken und „webcam"

Veranstaltungsinformationen

› „HelloVenezia": Veranstaltungskalender und Infoheft, erscheint vierteljährlich, kostenlos erhältlich.
› „Un Ospite a Venezia" bringt eine monatliche Veranstaltungsvorschau und hilfreiche Tipps in Italienisch und Englisch, herausgegeben von der Hoteliersvereinigung und daher auch nur in Hotels erhältlich.
› „VeNews": Die Stadtzeitung kann man jeden Monat (im Winter alle zwei Monate) am Kiosk kaufen. Hier findet sich alles zu den Themen Kultur, Kino, Theater, Freizeit in Venedig, Mestre und auf dem Festland, auch mit englischen Texten.

> **EXTRAINFO**
>
> **Venedig-Blogs**
> Tiefe Einblicke und viele aktuelle Hinweise zu Venedig bekommt man in Internet Blogs:
> › Der Beste: **www.venedig-ebb.blogspot.com** (deutsch)
> › **www.theveniceexperience.blogspot.com** (englisch)
> › **www.venicedailyphoto.com** (jeden Tag ein tolles Venedig-Foto!)

> **EXTRATIPP**
>
> **20 % Rabatt für WLAN!**
> Sonderpreis für REISE-KNOW-HOW-Leser: Wer diesen CityTrip-Venedig-Band in der Filiale des WLAN-Anbieters **Venetian Navigator** vorzeigt, erhält **20 % Rabatt!**

Internet und Internetcafés

WLAN (Wi-Fi) hat in Venedig noch Entwicklungspotenzial. Es gibt nur hier und da ein paar Hotspots, die meisten in Hotels, ein paar inzwischen auch in (eher ungemütlichen) Bars, Ausnahme: das Caffè Florian (s. S. 34) direkt am Markusplatz. Kostenlose, frei zugängliche Hotspots sind kaum zu finden.

› Einer der Hauptanbieter in Venedig ist **Venetian Navigator.** Dessen Hotspots findet man unter www.venetiannavigator.com/map. Über die Homepage und vor Ort in den beiden Internetcafés der Firma (s. u.) kann man sich gegen Gebühr den Zugang besorgen.

› Weitere örtliche Hotspots findet man auch unter www.openwifispots.com.

› Ein ambitioniertes Projekt der Stadtverwaltung ist schon einige Zeit dabei, Venedig flächendeckend mit WLAN auszustatten. Noch beschränkt sich dies auf den Markusplatz, den Canal Grande und einige Zonen in Bahnhofsnähe und am Campo San Luca [F6]. Buchbar – nur im Voraus – über www.veniceconnected.com, „Onlinebuchung", „Serviceleistungen". Site mit Zonenübersicht: www.cittadinanzadigitale.it.

▷ *Taubenfüttern – (nicht nur) bei Kindern beliebt*

In **Internetcafés** in Venedig schwanken die Preise von rund 5 bis 8 € pro Stunde. Es gibt einige Internetcafés in Venedig – leider schließen die meisten genauso schnell wieder, wie sie eröffnet haben. Diejenigen, die es nun schon ein paar Jahre durchgehalten haben, sind hier verzeichnet:

@178 [G5] **Venetian Navigator,** Calle Stagneri, San Marco 5239, www.venetiannavigator.com/internet_point, tägl. 10–14.30 und 16–19.30 Uhr. Hier kann man auch billig telefonieren oder Fotospeicherkarten herunterladen.

@179 [D2] **Planet Internet,** Rio Terà San Leonardo, Cannaregio 1519, nur drei Minuten vom Bahnhof entfernt, tägl. 9–23 Uhr

@180 [C3] **Venice Internet Point,** Lista di Spagna, Cannaregio 149, tägl. 9–23 Uhr

Medizinische Versorgung

Die gesetzlichen Krankenkassen von Deutschland und Österreich garantieren in Italien eine Behandlung auch im akuten Krankheitsfall. Als Anspruchsnachweis benötigt man die **Europäische Krankenversicherungskarte (EHIC).** Im Krankheitsfall besteht ein Anspruch auf ambulante oder stationäre Behandlung bei jedem zugelassenen Arzt und in staatlichen Krankenhäusern.

Da jedoch die Leistungen nach den gesetzlichen Vorschriften im Ausland abgerechnet werden, kann man auch gebeten werden, zunächst die Kosten der Behandlung selbst zu tragen. Es wird daher dringend empfohlen, zusätzlich eine **private Auslandskrankenversicherung** abzuschließen, die zudem die Kosten eines Krankenrücktransports übernimmt. Zur Erstattung der Kosten benötigt man grundsätzlich ausführliche Quittungen.

Schweizer sollten bei ihrer jeweiligen Krankenversicherungsgesellschaft nachfragen, ob die Auslandsdeckung auch für Italien gilt.

Krankenhäuser

Erste-Hilfe-Stationen *(Pronto Soccorso)* gibt es in jedem Krankenhaus. Sind Sie ein Fan der Autorin Donna Leon? Dann lesen Sie in ihrem zweiten Krimi nach, was sie von den venezianischen Krankenhäusern hält …

Über eine 24-Stunden-Notfallambulanz verfügen die hier gelisteten Krankenhäuser:

- ✚ 181 **Ospedale al Mare,** Lungomare D'Annunzio 1, Lido, Tel. 041 5294111 und 041 5295234
- ✚ 182 [H4] **Ospedale Civile,** Castello 6777, Campo SS. Giovanni e Paolo, Tel. 041 5294111 und 041 5230000
- › **Notrufnummer Ambulanz** *(Pronto Soccorso):* Tel. 118 oder 041 5230000

Apotheken

Apotheken *(farmacia),* man erkennt sie an einem **grünen Kreuz,** unterhalten einen **Nacht- und Wochenenddienst.** Der Plan ist an den Apotheken angeschlagen und wird auch täglich in den örtlichen Tageszeitungen „Gazzettino" und „La Nuova Venezia" abgedruckt.

Mit Kindern unterwegs

Venedig ist ein Ort, der bei Kindern gut ankommt, denn eigentlich ist die Stadt **ein einziger Abenteuerspielplatz:** Boote, Wasser, Vaporetto-Fähren, eine Traghetto-Fahrt mit der Steh-Gondel über den Kanal, Tauben füttern, Steinlöwen zählen, ein Blick vom Turm am Markusplatz, eine Schifffahrt auf eine Insel, den Glaskünstlern beim Blasen zusehen, Baden am Lido … das sind Venedigs Highlights für Kinder.

Für Venedig-ungeübte **Kinderwagen-Schieber** sind die über 400 Brücken mit ihren vielen Stufen ein großes Hindernis. Venezianische Babys sind daran gewöhnt, die Stufen hinauf- und hinuntergeschukelt zu werden. Doch Festland-Babys? Auf den **Vaporetti**, den Linienschiffen, tun sich Eltern zur Hauptsaison mit Kinderwagen und Kleinkindern sehr schwer. Einzige Ausweichmöglichkeit: Nicht zu stark frequentierten Zeiten fahren. Die **Kanäle ohne Geländer** stellen für unerfahrene Kleinkinder ein Sicherheitsrisiko dar.

In den Giardini Ex Reali [G7] (hinter dem Markusplatz) sind **schattige Picknickbänke** unter Bäumen (und WCs) zu finden. Die Tische haben kindgerechte Größe. Dort gibt es einen Springbrunnen mit Goldfischen. Im Giardino Papadopoli [B4/B5], im Parco Savorgnan [C3] und in den Giardini [L8] gibt es auch Spielplätze.

Kinder bis vier Jahre fahren mit den öffentlichen **Verkehrsmitteln** gratis und erhalten **Ermäßigungen** in Museen und anderen Sehenswürdigkeiten (unterschiedliche Altersbeschränkungen). Für Jugendliche (14–29 Jahre) ist der Ermäßigungsausweis **Rolling Venicecard** (s. S. 110) interessant.

Auch **Stadtführungen** speziell für Kinder werden angeboten (s. S. 119).

Notfälle

Notruf

› **SOS** (Polizeinotruf, Notarzt, Unfallrettung, rund um die Uhr): Tel. 113
› **Polizei** *(Carabinieri):* Tel. 112
› **Feuerwehr** *(Vigili del fuoco/Pompieri):* Tel. 115
› **Ambulanz** *(Pronto Soccorso):* Tel. 118
› **Bahnpolizei** *(Polizia ferroviaria):* Tel. 041 785097
› **Ausländerbehörde und Passabteilung** *(Questura):* Tel. 041 2715772

Kartenverlust

Bei **Verlust** von deutschen **Maestro- (EC-)**, **Kredit-** und **SIM-Karten** gilt überwiegend die einheitliche telefonische **Sperrnummer 0049 116116**, im Ausland zusätzlich die Nummer 0049 3040504050. Details finden sich im Netz unter www.sperr-notruf.de. Es empfiehlt sich, vor der Reise die individuelle Karten-Sperrnummer zu notieren.

Da es für **österreichische und Schweizer Karten** keine zentrale Sperrnummer gibt, sollten sich deren Inhaber nach einer aktuell gültigen Notrufnummer ihres jeweiligen Kreditkartenanbieters erkundigen.

Post

Postämter sind mit gelb-schwarzen Schildern gekennzeichnet. Die Hauptpost Venedigs versteckt sich unweit des Ost-Endes der Rialto-Brücke in Richtung Markusplatz. Achtung, man muss eine Nummer ziehen! Sie sind nach Schaltern sortiert. **Briefmarken** gibt es nur am Schalter „Filatelia".

✉ **183** [G5] **Posta Centrale**, San Marco 5016, Mercerie San Salvador/Calle de le Acque, Mo.–Sa. 8.15–19 Uhr

Eine weitere größere Postfiliale liegt gleich hinter dem Markusplatz, unter dem Correr-Museum (s. S. 42) durch die Arkaden. In vielen Stadtbezirken gibt es kleinere Filialen.

› Die **Öffnungszeiten** der verschiedenen Filialen schwanken, in der Regel Mo.–Fr. 8–13.30 Uhr, Sa. 8–12.30 Uhr, nachmittags tlw. bis 18 oder 19 Uhr.
› **Briefkästen** sind rot.
› **Briefmarken** werden auch in *tabacchi*, Zigarettenläden, verkauft.
› Die **Portogebühren** sind für Postkarten und Briefe (bis 20 g) innerhalb der EU gleich (0,75 €).

Schwule und Lesben

Homosexualität hat in Venedig in historischer Hinsicht eine große Bedeutung, doch heute ist davon nichts mehr zu spüren. Aus Ortsbezeichnungen lassen sich noch historische Gegebenheiten ableiten. So gibt es im Stadtteil San Polo eine Fondamenta delle tette, einen „Kai der Brüste". Dieser markiert den Sperrbezirk, wo sich Prostituierte aufhalten und mit bloßen Brüsten auf den Balkonen zeigen mussten. Das geht auf ein Gesetz der venezianischen Regierung aus dem 16. Jh. zurück, die damit der unter jungen Männern der Stadt weit verbreiteten Homosexualität entgegenwirken wollte. Historisch wird der Hang der Venezianer zur Homosexualität mit der langen Zeit begründet, die diese auf hoher See verbrachten, wobei sie sich untereinander „behalfen". Offizieren allerdings wurden offizielle Lustknaben mit auf die Reise gegeben, die für ihre Dienste fürstlich entlohnt wurden. Als Zeichen dafür, dass sie Privateigentum waren, trugen sie einen goldenen Ohrring.

Heute ist Venedig ein **beliebtes Ziel lesbischer und schwuler Reisender**. Doch für diese Zielgruppe bietet die Stadt nur wenig Spezielles. Es gibt weder schwule Klubs noch Discos oder Saunas. Schwule treffen sich im Sommer zum **Schwimmen** am Lido di Sottomarina von Chioggia, vor allem in den Dünen, aber auch am äußersten Ende des Lido bei Alberoni.

Informationen über die schwule und lesbische Szene in Venedig gibt es bei der örtlichen Filiale der nationalen Organisation **ArciGay – ArciLesbica:**

› www.arcigay.it. Aktivitäten in den verschiedenen Städten Venetiens finden sich im Internet unter dem Stichwort „Veneto".

Lesben können sich auf folgenden Sites (alle nur italienisch) informieren:
› www.arcigay.it/donne
› www.ellexelle.com
› www.women.it/les

◁ *Auch die Polizei ist in Venedig auf dem Wasser unterwegs. Nicht nur mit Motorbooten patrouillieren sie auf den Kanälen.*

Sicherheit

Venedig wird von Einheimischen als **sichere Stadt** bezeichnet. Und sie ist es tatsächlich: Auch als Frau fühlt man sich zu jeder Tageszeit sicher. Was soll schon passieren? Mögliche Angreifer haben in dem Gassengewirr kaum die Möglichkeit wegzulaufen.

Anders dagegen ist es mit **Taschendiebstählen**. Vorsicht, Taschendiebe lieben volle Linienschiffe! Besonders begehrte Ziele sind auf dem Rücken getragene Rucksäcke. Wird man bestohlen, so ist dies unverzüglich bei der nächsten **Polizeistation** *(Carabinieri)* anzuzeigen. Nur so können Ansprüche gegenüber Versicherungen geltend gemacht werden. Wenn auch Pässe oder Ausweise gestohlen wurden, hilft das jeweils zuständige Konsulat (s. S. 109), Ersatzpapiere für die Rückreise zu bekommen.

➤ **184** [H6] **Carabinieri**, Castello 4693, Campo San Zaccaria, gleich rechts neben der Kirche, Tel. 041 27411

Sprache

In Venedig muss man kein Italienisch können, um sich verständlich zu machen, nahezu jeder spricht entweder Deutsch oder Englisch. **Die Stadt ist polyglott** und aufgrund ihrer bewegten multikulturellen Vergangenheit auch heute noch prachlich sehr aufgeschlossen. Speisekarten sind in der Regel mehrsprachig. Meist werden Versuche, Italienisch zu sprechen, vom venezianischen Gegenüber sogar im Keim erstickt. Im Anhang findet sich eine kleine **Sprachhilfe**. Wer sich intensiver mit dem Italienischen befassen will, dem seien die Sprachführer der Kauderwelsch-Reihe des Reise Know-How Verlags empfohlen.

Stadttouren

In Venedig gibt es zahlreiche **Angebote für Individualreisende**. Sie sind vor Ort in den Tourist-Informationen (s. S. 111) zu buchen. Mit ihnen kann man sich einen ersten Überblick über die Stadt verschaffen. Wer mit Gruppen vorbuchen oder sich ganz individuell einen Führer leisten möchte, kann sich an verschiedene **Vereinigungen von Stadtführern** wenden. Solche individuellen Führungen sind recht teuer.

➤ **Associazione Guide Turistiche,** Castello 5327, Tel. 041 5209038, www.guidevenezia.it
➤ Es gibt sogar deutschsprachige Führer, z.B. www.stadtfuehrungen-venedig.de.
➤ **Walks inside Venice,** Tel. 041 5241706 (auch auf Deutsch), www.walksinsidevenice.com
➤ **Venice Events,** Tel. 041 5239979, www.tours-venice-italy.com

Fast eine eigene Sprache:

Das Venezianische ist fast eine eigene Sprache, die für den Laien und beim ersten Hören nicht viel mit dem Italienischen gemein zu haben scheint. Für die Linguisten ist es eine regionale Variante des Italienischen. Der weiche, beinahe singende, sehr melodische Dialekt wird jedenfalls eifrig, mündlich und schriftlich, in allen gesellschaftlichen Schichten gepflegt. Einen Venezianer erkennt man an einigen Ausspracheeigenheiten auch dann, wenn er sich bemüht, Hochsprache zu sprechen. Viele Konsonanten werden im Venezianischen stimmhaft ausgesprochen, so klingt „Venezia" eher wie „Venes-

Stadttouren

- Auch **Venicetours** bietet deutsche Führungen. Besonders beliebt ist die Nachtführung: www.venicetours.it.
- Deutsche Führungen speziell für **Kinder**, z. B. auf den Spuren von Teddys: www.venedig-info.com

Informationen zu den Stadtführungen, die z. B. auch in die verschiedenen Gärten oder in einzelne Stadtteile gehen, gibt es in den Touristeninformationen (s. S. 111, dort kann man auch buchen).

Blick hinter die Kulissen

- Leider nicht auf Deutsch, aber so interessant, dass man sie auch auf Englisch machen sollte: **Führungen durch den Dogenpalast** ❷⓿ auf Wegen, die bei der normalen Besichtigung nicht zugänglich sind. Sie heißen **Itinerari Segreti**, sind mit 18 € leider nicht ganz günstig und man muss im Voraus telefonisch an der

> **EXTRATIPP**
>
> ### Hinter den Kulissen des Opernhauses
>
> Täglich von 9.30–18 Uhr kann man mithilfe eines Audioguides im freien Rundgang das Opernhaus **Teatro La Fenice** ❷❹ besichtigen und teilweise auch hinter die Kulissen blicken oder einmal in der Königsloge sitzen. (Achtung, die Zeiten können wechseln, das hängt von den Aufführungszeiten im Theater ab!)
>
> - Eintrittskarten im Theater gegenüber dem Ticketschalter, 8,50 € inkl. Audioguide (gegen Hinterlegung eines Ausweises), www.teatrolafenice.it

Vorverkaufskasse des Dogenpalastes oder in einer der Tourist-Infos reservieren (9–15.30 Uhr unter Tel. 041 2715911 oder 041 5209070, Führungen auf Englisch um 9.55, 10.45 und 11.35 Uhr). Man läuft z. B. über dem riesigen Deckengemälde der Sala del Maggior Consiglio und kann durch Ritzen nach unten blicken.

- Einen ganz besonderen Blick hinter die Kulissen kann man in der altehrwürdigen **Universität Ca' Foscari** (s. S. 97) wagen. Man erfährt etwas über die Geschichte der Uni und besichtigt schöne Räume, u. a. die Aula Magna Mario Baratto von Carlo Scarpa (falls gerade keine Vorlesungen stattfinden). Die einstündige Tour auf Englisch oder Italienisch startet Mo. und Mi. um 14.15 Uhr sowie Di., Do. und Fr. um 11.30 Uhr. Infos und Treffpunkt an den verglasten Info-Schaltern im Gang rechts von der Haupthalle im Erdgeschoss, Preis 4,50/3,50 €, www.unive.it/tour.
- Ein Schmankerl für **Wagner-Fans** ist die Führung durch die früheren Räume von Richard Wagner im heutigen Casinò di Venezia im Palazzo Vendramin-Calergi

das Venezianische

sia". Geschrieben findet man den Namen der Stadt daher im Dialekt auch oft mit x: *Venexia*. Und aus dem allgemeinen Gruß „ciao" wird in Venedig ein „ziao". Es kann sogar noch weicher werden: Die „Calle del Doge" wird dann zur „Calle del Dose". Gerne lassen die Venezianer auch Endsilben fallen. So versteckt sich hinter „Ca'" eigentlich „la casa", das Haus.

Das Venezianische weist auch viele Wörter auf, die sich in der italienischen Hochsprache nicht finden. Dies rührt von den vielen **Beziehungen zu fremden Ländern her**, die Venedig im Laufe der Jahrhunderte pflegte.

(s. S. 93). Di., Sa. vormittags und Do. nachmittags, Unkostenbeitrag 5 €, telefonische Voranmeldung am Vortag zwischen 10 und 12 Uhr bei der Associazione Wagneriana, Tel. 041 2760407.

Telefonieren

Für Anrufe von Deutschland, Österreich und der Schweiz nach Italien gilt Folgendes: Die Null der italienischen Ortsnetzkennzahl muss mitgewählt werden (für Venedig also 0039 041 ...). Die **Ortsnetzvorwahlen** Italiens müssen auch innerhalb der jeweiligen Stadt **bei Ortsgesprächen mitgewählt werden**, so zum Beispiel innerhalb Venedigs die 041 vor der Nummer des Teilnehmers.
Vorwahlnummern:
> Italien: 0039
> Venedig: 041

Das **Handy** lässt sich dank Roamingabkommen in Italien problemlos nutzen. Durch den neuen **Eurotarif** bei Mobilfunkgesprächen innerhalb der EU ist das Telefonieren nicht mehr so teuer wie früher. Die Preise – 29 Cent/Min. bei Gesprächen nach Hause, 8 Cent/Min. bei ankommenden Anrufen und 9 Cent je gesendete SMS – sinken ab 1. Juli 2013 erneut.

Toiletten

Die Notdurft zu erledigen, ist in Venedig ein Kapitel für sich wert! Es gibt zwar immer mehr öffentliche Toiletten in der Stadt, doch deren Nutzung kostet 1,50 €. Oder man benutzt eine extra erworbene **WC-Card** (siehe www.venicoconnected.com). Die Toiletten sind durch kleine Wegweiser gut ausgeschildert.

Unterkunft

Es gibt weit **über 20.000 Betten** in Venedig und auf dem Lido. Und doch ist es in der Hochsaison, zu Karneval und während der Kunst-Biennale oder der Filmfestspiele (vor allem an den Wochenenden) oft aussichtslos, kurzfristig ein Bett zu ergattern. Die Nachfrage bestimmt den Preis – Venedig ist eine **teure Stadt.**

Es finden sich Zimmer aller Preiskategorien, von den unklassifizierten und den 1-Stern-Pensionen bis zur Suite im 5-Sterne-Hotel. Auch für Jugendliche oder Freunde kirchlicher Unterkünfte bietet Venedig viele Alternativen. Bed and Breakfast und Ferienwohnungen sind Unterkunftsformen, die immer häufiger angeboten werden.

> Wichtig zu wissen: Haupt- und Nebensaison sind in Venedig nicht eindeutig definiert.
> Ebenso wichtig wie der Preis ist bei der Entscheidung für ein Hotel unter Umständen die **Lage**, da es unmöglich ist, mit dem Auto bei der Unterkunft vorzufahren und das Gepäck abzuladen. Die Koffer müssen daher möglicherweise weit getragen werden. Nur die sehr teuren Hotels verfügen über einen eigenen Motorbootservice.
> Man sollte darauf achten, ob das **Frühstück** *(prima colazione)* im Preis inbegriffen ist oder extra bezahlt werden muss. Im letzteren Fall nämlich lohnt sich der Frühstücksbesuch in einer Bar – so wie die Italiener frühstücken. Ein Hotelfrühstück in Italien, besonders wenn es „kontinentales Frühstück" genannt wird, zeichnet sich nicht unbedingt durch Reichhaltigkeit und Geschmack aus.
> In Italien ist es meist üblich, die **Preise für das Zimmer** anzugeben und nicht pro Person.

Unterkunft

EXTRATIPP

Steuer als Sponsoring
Seit August 2011 muss man für Hotelaufenthalte pro Nacht eine gestaffelte **Touristensteuer** zahlen. Sie wird raffiniert als „Sponsoring" der einmaligen Stadt bezeichnet.
› www.veniceconnected.com/node/6580

Zimmersuche von zu Hause

Ohne eine feste Buchung nach Venedig zu reisen, ist riskant.
› www.turismovenezia.it („Where to stay?") und www.venere.com/de/italien/venedig bieten einen guten Überblick über alle venezianischen Unterkünfte. Zudem ist für jede Unterkunft die Lage im Stadtplan sowie dessen Internetadresse angegeben.
› Die großen **Online-Reservierungsportale** bieten zum Teil günstigere Preise als bei Direktbuchung.

Zimmersuche vor Ort

› Wer ohne Buchung kommt, kann sich vor Ort bei der **AVA** (Associazione Veneziana Albergatori) mit Informationen versorgen. Sie unterhält ein Büro im Bahnhof (Tel. 041 715288) und eines am Parkplatz Piazzale Roma [A5] in der Garage Autorimessa Comunale (Tel. 041 5228640). Möchte man die Hotelliste nicht selbst abtelefonieren, werden dort Hotelzimmer gegen Anzahlung und eine kleine Gebühr vermittelt.
› **Unterkunftsverzeichnisse** gibt es in jeder Touristeninformation (s. S. 111).

Ausgewählte Unterkünfte

Die Preisklassen beziehen sich auf ein Doppelzimmer mit Frühstück während der Sommersaison. Die Preise schwanken je nach Jahreszeit, Verfügbarkeit und Buchungsvorausplanung sehr stark.

Untere Preisklasse (80–170 €)

185 [G5] **Ai Bareteri** €€, San Marco 4966, Calle de Mezzo, Ponte Dei Bareteri, Haltestellen „San Marco" oder „Rialto", Linien 1, 2, Alilaguna, Tel. 041 5232233, Fax 041 2443450, www.bareteri.com. Groß, modern, angenehm möbliert. Liegt ziemlich versteckt hinter Campo Santa Maria Formosa.

186 [G6] **Ai do Mori** €, San Marco 658, Calle Larga S. Marco, Haltestelle „S. Marco", Linien 1, 2, N, Tel. 041 5289293, Fax 041 5205328, www.hotelaidomori.com. Unweit des Markusplatzes mit Blick auf den Campanile. Schöne, kleine Zimmer, aber wegen des starken Touristenaufkommens nicht ganz leise.

187 [C5] **Al Gallo** €€, Santa Croce 88, Calle del Forno, Haltestelle „Piazzale Roma", Linien 1, 2, 3, 4.1, 4.2, 5.1, 5.2, 6, Tel. 041 5236761, Fax 041 5228188, www.algallo.com. Liegt in einer extrem versteckten Seitengasse. Schöne kleine Zimmer mit Möbeln im venezianischen Stil.

188 [C3] **Alloggi Gerotto Calderan** €, Cannaregio 283a, Campo S. Geremia, ohne Schiff (bzw. mit Linien 1 oder 2 zum Bahnhof) direkt vom Bahnhof aus in fünf Minuten zu Fuß (ohne Brücke!) zu erreichen, Tel. 041 715562, Fax 041

Preiskategorien

€	bis 100 €
€€	bis 170 €
€€€	bis 300 €
€€€€	ab 300 €

(für eine Übernachtung im DZ inkl. Frühstück)

Praktische Reisetipps
Unterkunft

715361, www.casagerottocalderan.com. Einfache Zimmer, teilweise mit Bad auf dem Flur.

189 [D2] **Arcadia** €, Cannaregio 1333d, liegt direkt an Rio Terà S. Leonardo, Haltestelle „Ferrovia", Linien 1, 2, 5.1, 5.2 u. a., Haltestelle „San Marcuola", Linie 1, Tel. 041 717355, Fax 041 714361, www.hotelarcadia.net. Preisgünstiger, ordentlicher, angenehmer und gut gelegener Familienbetrieb. Von Bahnhof und Busbahnhof aus gut zu Fuß zu erreichen, nur eine Brücke (mit schräger Ebene) ist zu überwinden.

190 [G3] **Casa Boccassini** €, Cannaregio 5295, Calle del volto, von Fondamente Nuove aus ohne Brücken zu erreichen, Haltestelle „Fondamente Nuove", viele Linien, auch Alilaguna, Tel. 041 5229892, Fax 041 5236877, www.hotelboccassini.com. Zehn kleine Zimmer, auch mit Etagenbad möglich. Für Venedig sehr günstig, der Garten und die Lage bestechen.

191 [C5] **Casa Peron** €, Dorsoduro 84, Salizzada San Pantalon, Haltestelle

Nicht alle Unterkünfte sind wie diese von außen deutlich als solche gekennzeichnet

„Piazzale Roma" oder „San Tomà", Linien 1, 2, N oder zu Fuß vom Bahnhof oder Piazzale Roma aus zu erreichen, Tel. 041 711038, Fax 041 710021, www.casa-peron.com. Eines der einfachen Hotels Venedigs. Es besticht durch Sauberkeit, freundliche Besitzer und gute Erreichbarkeit von Bahnhof und Parkplätzen. Leider kein Geheimtipp mehr, daher sollte man frühzeitig buchen.

192 **Hotel Certosa** €, Isola della Certosa, Bedarfs-Haltestelle „Certosa", Linien 4.1, 4.2, Tel. 041 2778632, Fax 041 8623113, www.venicecertosahotel.com. Ein 3-Sterne-Haus mit individuellen, modernen Zimmern, ganz einsam neben Bootswerften auf einer Insel. Super-Tipp für Individualisten. Wenn das Linienschiff nicht mehr fährt, holt einen das Privatboot gegenüber an San Pietro [M6] ab. Unbedingt Mückenschutz mitnehmen!

193 [I6] **La Residenza** €€, Castello 3608, Campo Bandiera e Moro, Haltestelle „Arsenale", Linien 1, 4.1, 4.2, Tel. 041 5285315, Fax 041 5238859, www.venicelaresidenza.com. Gotischer Palast mit eleganten Zimmern in guter Lage zum Markusplatz.

194 [F7] **Locanda Antico Casin** €, San Marco 1520/a, Corte Contarina, Haltestelle „S. Marco", Linien 1, 2, N, Tel. 041 2410384, 0039 348 0307133, Fax 041 521246, www.anticocasin.com. Fünf (Doppel- und Mehrbett-)Zimmer in modernem Design mit Blick auf die Dächer Venedigs und Terrasse. Unweit des Markusplatzes und trotzdem still. Schwer zu finden, da nicht von außen erkennbar.

195 [D2] **Kosher House Giardino dei Melograni** €, Cannaregio 2873/C, Campo del Ghetto Nuovo, Haltestelle „Guglie", Linien 4.2, 5.2, Haltestelle „San Marcuola", Linien 1, 2, Tel. 041 8226131, www.pardesimonim.net. Nur 14 Zimmer, aber sie überzeugen durch

Praktische Reisetipps
Unterkunft

EXTRATIPP

Schnäppchenangebote im Januar
Viele Hotels haben von Anfang Januar bis kurz vor Beginn des Karnevals geschlossen. Diejenigen jedoch, die geöffnet haben, offerieren gerade in dieser Jahreszeit ganz besonders günstige Angebote! Die großen **Online-Reservierungsportale** und andere Internet-Hotel- und -Reiseanbieter bieten in dieser Zeit **besonders für Kurzentschlossene** echte Schnäppchen.

Größe und Modernität. Koscher! Einzigartige, ruhige Lage mitten im Ghetto ❷. An der benachbarten Fondamenta della Misericordia befinden sich viele Lokale, hier findet venezianisches Nachtleben statt.

196 [F4] **Palazzo Lion Morosini** €€, Cannaregio 5700, Corte Remer, Haltestelle „Rialto", Linien 1, 2, Tel. 041 2411138, www.lionmorosinipalace.it, Fax 041 2417337. Direkt gegenüber dem Rialtomarkt, zurückversetzt am Corte Remer, mit Blick auf den Canal Grande. Große Zimmer, auch 3- und 4-Bett-Zimmer. Gutes Preis-Leistungs-Verhältnis.

197 [I6] **Palazzo Soderini** €€, Castello 3611, Campo Bandiera e Moro, Haltestelle „Arsenale", Linien 1, 2, 4.1, 4.2, Tel. 041 2960823, Fax 041 2417989, www.palazzosoderini.it. Von außen nicht als Beherbergungsbetrieb zu erkennen, einzig ein Klingelknopf weist den Palazzo aus. Innen verbirgt sich ein modernes, architektonisches Kleinod mit herrlichem Garten, Doppel- und Dreibettzimmern.

198 [F4] **Pensione Guerrato** €, San Polo 240/a, Calle Drio La Scimia, Haltestelle „Rialto", Linien 1, 2, Alilaguna, Tel. 041 5285927, Fax 041 2411408, www.pensioneguerrato.it. Die Pension war schon im 14. Jh. ein Gästehaus. Etwas altmodisch anmutend, dafür aber riesige renovierte Zimmer und für die Lage direkt an Rialto erstaunlich günstig.

Mittlere Preisklasse (170–300 €)

199 [B3] **Abbazia** €€€, Cannaregio 68, Calle Priuli dei Cavaletti, Haltestelle „Ferrovia", Linien 1, 2, Tel. 041 717333, Fax 041 717949, www.abbaziahotel.com. Eine verkehrsgünstigere Lage gibt es wohl kaum: keine 200 m vom Bahnhof entfernt, ohne Brückenquerung und auch noch ruhig gelegen. Im ehemaligen Kloster der Barfüßer-Karmelitermönche versteckt sich einer der wenigen Gärten der Stadt – eine kleine Oase.

200 [B2] **Ca' Dogaressa** €€–€€€, Cannaregio 1018, Fondamenta di Cannaregio, direkt am Kanal, Haltestelle „Guglie", Linien 4.1, 4.2, Alilaguna, Tel. 041 2759441, Fax 041 2757771, www.cadogaressa.com. Sehr angenehmes, familiengeführtes Haus mit 11 modernen Zimmern im Stil des 18. Jh. Frühstück im Sommer direkt am Kanal! Sonnenterrasse im 3. Stock. Unweit des Ghettos und vieler netter Lokale.

201 [D8] **Belle Arti** €€€, Dorsoduro 912 A, Rio Terà Foscarini, Haltestelle „Accademia", Linien 1, 2, N, Tel. 041 5226230, Fax 041 5280043, www.hotelbellearti.com. Kurzer, brückenloser Fußweg vom Accademia-Halt, gleich hinter der Akademie der Schönen Künste gelegen. Das Hotel mit großem grünem Innenhof war eine Schule, der Umbau ist gelungen.

202 [J7] **Ca' Formenta** €€€, Castello 1650, Via Garibaldi, Haltestelle „Giardini", Linien 1, 2 und N, Tel. 041 5285494, Fax 041 5204633, www.hotelcaformenta.it. Ideale Lage für Besucher des Biennale-Geländes. Schön restaurierte Zimmer in modern-traditionellem Ambiente. Interessante Frühbucherrabatte im Internet.

203 [E8] **Charming House DD724** €€€, Dorsoduro 724, Ramo da Mula, Haltestelle „Accademia", Linien 1, 2, N, Tel. 041 2770262, Fax 041 2960633, www.thecharminghouse.com. Sieben mit Stil und Geschmack sanierte Zimmer in warmen Erdtönen in ruhiger Lage unweit des Guggenheim Museums.

🏨 **204** [E7] **Dei Dragomanni** €€€, San Marco 2711, Calle del Dose da Ponte, Haltestelle „Giglio", Linien 1, 2, Tel. 041 2771300, Fax 041 2778984, www.hoteldragomanni.com. Super Lage unweit San Marco und Canal Grande, aber kein Weitblick. Architektonische Besonderheit des Hotels ist eines der letzten Exemplare einer doppelläufigen Treppe nach Leonardo da Vinci.

🏨 **205** [F7] **Flora** €€-€€€, San Marco 2283/A, Calle Bergamaschi, direkt an der Calle XXII Marzo, Linie 1, Haltestelle „San Marco Vallaresso", von dort ist nur eine Brücke zu überwinden, Tel. 041 5205844, Fax 041 5228217, www.hotelflora.it. Ein verstecktes Juwel mit stilvollen Zimmern und einem malerischen Innenhof-Garten als Rückzugsort. Sehr zentral gelegen. Bisweilen attraktive Angebote über die Homepage.

🏨 **206** [D8] **La Calcina** €€€, Dorsoduro 780, Fondamenta de le Zattere ai Gesuati, Haltestellen „Accademia", Linien 1, 2, oder „Zattere" (direkt neben der Anlegestelle von Alilaguna, dem Flughafenzubringer!), bequem ohne Brücken zu erreichen, Tel. 041 5206466, Fax 041 5227045, www.lacalcina.com. Es gibt wohl kaum ein Hotel mit schönerer Frühstücksterrasse in Venedig! Unbedingt Zimmer mit Blick erbitten! Langfristig zu reservieren, das Traditions-Haus ist leicht ausgebucht.

🏨 **207** [C7] **Locanda San Barnaba** €€€, Dorsoduro 2785–2786, Calle del Traghetto, Haltestelle „Ca' Rezzonico", Linie 1, Tel. 041 2411233, Fax 041 2411233, www.locanda-sanbarnaba.com. Es gibt wenige Hotels, die so nahe an einer Vaporetto-Haltestelle liegen wie dieses. Dennoch ist es ruhig. Schöne Zimmer und ein kleiner Innenhof.

🏨 **208** [D5] **Oltre il Giardino** €€€, San Polo 2542, Fondamenta Contarini, Haltestelle San Toma, Linie 1, Tel. 041 2750015, Fax 041 795452, www.oltreilgiardino-venezia.com. Elegante Moderne mit warmen Tönen in sechs für venezianische Verhältnisse großen Zimmern, alle mit Gartenblick – so etwas gibt es kaum in Venedig. Ein Kleinod, das früher Alma Mahler-Werfel bewohnte.

🏨 **209** [C2] **Palazzo Cendon** €€-€€€, Cannaregio 532-534, Calle Cendon, Haltestellen „Crea" oder „Guglie", Linien 4.1, 4.2, Alilaguna, Tel. 041 2750606, Fax 041 2756189, www.palazzocendon.it. Im Wohnhaus der früheren Adelsfamilie Cendon wurden 18 geschmackvolle Zimmer eingerichtet. Es gibt sogar 4-Bett-Zimmer. Manche Zimmer bieten einen Blick auf den Kanal. Auch ein Aufzug ist vorhanden! Vom Bahnhof leicht und ohne Brücken zu Fuß zu erreichen. Angenehm ruhige, kaum touristische und doch belebte Gegend.

🏨 **210** [D7] **Pensione Accademia** €€-€€€, Dorsoduro 1058, Fondamenta Bollani, Haltestelle „Accademia", Linien 1, 2, Alilaguna „Zattere", Tel. 041 5210188, Fax 041 5239152, www.pensioneaccademia.it. Nur 5 Gehminuten und eine Brücke vom Schiffsanleger entfernt. In diesem charmanten Haus stimmen Preis und Leistung. Der schattige Hof am Kanal und der grüne Innenhof hinter dem Haus vermitteln den Eindruck, in einem Landhaus zu weilen, dabei ist man mitten in der Stadt.

Obere Preisklasse (ab 300 €)

🏨 **211** [F4] **Al Ponte Antico** €€€€, Cannaregio 5768, Calle dell' Aseo, Haltestelle „Rialto", Linien 1, 2, N, Alilaguna, Tel. 041 2411944, Fax 041 2411828, www.alponteantico.com. Wer ausprobieren möchte, wie man sich als Conte oder Contessa im Palazzo am Canal Grande fühlt, hat hier die beste Möglichkeit dazu. Die Zimmer sehen aus wie in einem Märchenfilm. Die Lage am Canal Grande, schräg gegenüber dem Rialto-Markt, ist bestechend, v. a. beim Frühstück auf dem Balkon.

🏠 **212** [B9] **Molino Stucky Hilton** €€€€, Giudecca 810, Haltestelle „Palanca", Linien 2, N, eigener Hotel-Shuttle, www.molinostuckyhilton.com, Tel. 041 5221267, Fax 041 2723490. So etwas gab es in Venedig bisher noch nicht: 376 Zimmer in einem Hotel. Einzigartig ist auch der Blick von der Skyline-Bar tagsüber und vor allem nachts über den Giudecca-Kanal. Der Außenpool auf dem Dach erlaubt einen atemberaubenden Blick auf Stadt und Lagune. Eigentlich ein historisches Denkmal: Der imposante Bau war von 1895 bis Mitte des 20. Jh. eine Getreidemühle. Das Molino Stucky erlaubt einen völlig anderen Venediggenuss.

🏠 **213** [D7] **Palazzo Stern** €€€€, Dorsoduro 2792/A, Calle del Traghetto, Haltestelle „Ca' Rezzonico", Linie 1, Tel. 041 2770869, Fax 041 2412456, www.palazzostern.it. 24 Zimmer direkt neben Museum Ca'Rezzonico und gleichnamiger Schiffsanlegestelle am Canal Grande. Was für ein Treppenhaus, was für eine Frühstücksterrasse am Kanal, was für eine Dachterrasse (mit Whirlpool)! Das Haus ist voll mit Kunst und Mosaiken.

(Jugend-)Herbergen und kirchliche Einrichtungen

Außer der Jugendherberge, wo man in Massenschlafsälen nächtigt, sind die kirchlichen bzw. Stiftungseinrichtungen in Venedig nicht so günstig, wie man das vielleicht von anderen Orten kennt.

🏠 **214** [F10] **Ostello di Venezia** €, Giudecca, Fondamenta delle Zitelle 86, Haltestelle „Zitelle", Linien 2, 4.1, 4.2, Tel. 041 5238211, Fax 041 5235689, www.hostelvenice.org, 22 € pro Bett. 260 Betten in 18 Zimmern, das Frühstück im Preis inbegriffen, auf der Giudecca-Insel. Man benötigt einen Jugendherbergsausweis.

🏠 **215** [D7] **Casa Ugo e Olga Levi** €€, San Marco 2894, gleich bei der Accademia-Brücke, Linien 1, 2, N, Tel. 041 7867711, Fax 041 7867766, www.fondazionelevi.it, Hauptsaison 150 €/DZ. 20 Zimmer, alle mit Bad, einfach, aber gemütlich. Das Haus wird gern für Kongressteilnehmer komplett gebucht.

🏠 **216** [D8] **Centro Culturale Don Orione Artigianelli** €€, Dorsoduro 909a, Zattere, Haltestelle „Zattere", Linie 2, 5.1, 5.2, 6.1, 6.2, 8, N, wenige Meter vom Anleger entfernt, Tel. 041 5224077, Fax 041 5286214, www.donorione-venezia.it, 135–150 €/DZ. Die 62 Zimmer in der riesigen, zentral gelegenen Klosteranlage sind einfach, aber zweckmäßig ausgestattet. Sie werden gerne von Gruppen und für Kongresse gebucht. Es gibt auch Drei- und Vierbettzimmer.

🏠 **217** [D8] **Domus Cavanis** €-€€, Dorsoduro 895/896, Rio Terà Antonio Foscarini, Haltestelle „Accademia", Linien 1, 2, N, Tel. 041 740918, www.domuscavanis.org, 40–140 €/DZ, 28 (1–4-Bett-)Zimmer. Gute Lage unweit der Haltestelle „Accademia", ohne Brücke zu erreichen. Ruhig und ordentlich.

🏠 **218** [D6] **Domus Ciliota** €-€€, San Marco 2976, Calle delle Muneghe, Haltestellen „San Angelo", Linie 1, „Accademia", Linien 1, 2, Tel. 041 5204888, Fax 041 5212730, www.ciliota.it, 80–150 €/DZ. Einfache, aber zweckmäßige Zimmer im ehemaligen Nonnenkloster mit Dusche, WC und Klimaanlage. Sehr gute Lage unweit Palazzo Grassi und Accademia-Brücke.

🏠 **219** [H5] **Foresteria Valdese** €, Castello 5170, Calle della Madonetta, unweit Campo Santa Maria Formosa, Tel. 041 5286797, Fax 041 5286797, www.foresteriavenezia.it, Bett im Mehrbettzimmer ca. 30 €, DZ 88–140 €. Einfache, aber saubere und geräumige Zimmer, manche mit Kochecke. Zentral mitten in Castello gelegen, daher langer Fußweg von Schiffsanlegestellen aus.

220 [I6] **Santa Maria della Pietà – Casa per ferie** €, Castello 3701, Riva degli Schiavoni/Calle della Pietà, Haltestelle „San Zaccaria", Linien 1, 2, 4.1, 4.2, 5.1, 5.2, Tel. 041 2443635, Fax 041 2411561, www.pietavenezia.org, ganzjährig 100 €/DZ. 18 Zimmer, 49 Betten, große Bäder, kleine Zimmer mit guter Matratze, riesige Dachterrasse, weiträumige Aufenthaltsräume, sehr sauber.

Bed and Breakfast

Nicht nur zur unteren Preisklasse gehören die immer weiter verbreiteten Bed-and-Breakfast-Zimmer. Doch diese aufzuzählen ist vergebliche Liebesmüh, da sie rasant zunehmen und sich über die Qualität dieser Privatzimmer nur wenig sagen lässt.

Achtung: Die venezianische Vorstellung von Bed and Breakfast endet häufig beim Bett. Ein **Frühstück ist oft nicht inkludiert**, noch weniger der in England so sehr geschätzte Familienanschluss. Doch des Öfteren findet sich in den Zimmern ein gefüllter Kühlschrank, der ein individuelles Frühstück möglich macht – sicher eine interessante Variante für einen Venedigurlaub, die aber nicht unbedingt günstiger als ein Hotelaufenthalt sein muss. B&Bs sind in der offiziellen Hotelliste der Touristinformation (s. S. 111) enthalten oder z. B. online zu finden:

› www.bed-and-breakfast-italien.com, www.bed-and-breakfast.it, www.bbitalia.it

Eine gute Art, Bed-and-Breakfast-Zimmer zu finden, ist auch die Suche in Google Maps. Dort mit der Maus im gewünschten Stadtteil „spazierengehen" und die einzelnen verlinkten B&Bs „besichtigen".

221 [M9] **BBVenezia** €, Sant'Elena – Calle Bainsizza 3, Haltestelle „S. Elena", Linien 1, 2, Tel. 041 520052, Fax 041 2775787, www.bbvenezia.com. Gut mit dem Schiff zu erreichen, am äußersten Zipfel Venedigs im Grünen gelegen. Das B&B hat kein typisch venezianisches Flair, liegt aber sehr ruhig in einer Ecke der Stadt, in die man sonst eher nicht kommt. Schöne Zimmer und Dachterrasse.

222 [B6] **Ca' del Gallo** €, Dorsoduro 3610, Corte del Basegio, Haltestelle „Piazzale Roma" oder „San Toma", Linien 1, 2, N oder zu Fuß von Bahnhof oder Piazzale Roma, Tel. 0039 3296762910, Fax 041 5264151, www.cadelgallo.it. Endlich mal ein B&B, in dem es sogar einen Frühstücksservice gibt. Nette, einfache Zimmer. Sehr gute Lage unweit Campo Santa Margherita.

223 [C5] **Ca' San Rocco** €, San Polo 3078, Ramo Cimesin, Haltestelle „San Stae", Linie 1, Tel. 041 716744, Fax 041 795618, www.casanrocco.com. Hübsches, pensionsähnliches B&B in zentraler Lage unweit der Frari-Kirche mit wunderbarer, überwachsener Terrasse.

Ferienwohnungen

Geschmackvoll – häufig mit venezianischen Stilmöbeln – eingerichtet, bilden sie eine **echte Alternative** zu den Hotels, insbesondere für Familien oder kleinere Gruppen. Die Größe der Wohnungen variiert von einem bis zu drei Zimmern, dazu Küche und Bad. Das Preisniveau für Ferienwoh-

> *Fliegende Händler bieten vielerorts gefälschte Handtaschen an. Achtung: Der Kauf von Fälschungen wird in Italien mit Geldstrafen geahndet!*

Praktische Reisetipps
Verhaltenstipps

nungen liegt in Venedig höher als in anderen Städten. Eine gute Auswahl bieten z. B. folgende Seiten:
› www.venrent.com
› www.sleepingvenice.com
› www.veniceapartment.com
› www.viewsonvenice.com
› www.franzivenezia.com
› www.venere.com/de/wohnung/venedig
› www.9flats.com

Camping

Camping ist rund um Venedig **auf dem Festland möglich**. In der Regel sind die Campingplätze mit öffentlichen Verkehrsmitteln, je nach Lage über Land oder über Wasser, an Venedig angebunden. Die besten Campingmöglichkeiten bieten sich bei einer großen Zahl von Plätzen auf der Venedig vorgelagerten Halbinsel **Cavallino-Treporti**. Hier drängt sich ein Campingplatz an den anderen und es bestehen gute Schiffsanbindungen nach Venedig und zum Lido.

Ein Stellplatz mit zwei Personen kostet ab 26 bis etwa 55 €, Hütten sind für 29–120 € zu haben. Eine gute Informationsquelle zu Campingplätzen rund um Venedig auf Deutsch ist:
› www.camping.it/germany/veneto/venezia

Verhaltenstipps

› **Kirchenbesuche** sollen auf keinen Fall mit allzu kurzen Miniröcken, kurzen Hosen oder stark ausgeschnittenen Tops erfolgen.
› **Während einer Messe** können die Kirchen nicht besichtigt werden.
› Auf dem Markusplatz ⓱ herrscht **absolutes Picknickverbot**, das auch strikt kontrolliert und mit 25 bis 500 € Strafe sanktioniert wird. (Eine Picknickmöglichkeit besteht hinter dem Markusplatz in den Giardini Ex Reali [G7].)
› Beim **Kauf von Plagiaten** (gefälschten Markenartikeln) fliegender Straßenhändler wird in Italien scharf vorgegangen. Käufern drohen **Strafen bis zu 10.000 €**, wenn sie vor Ort erwischt werden. In Venedig wird wegen des hohen Aufkommens an illegalen afrikanischen Händlern sehr streng kontrolliert.
› In **Restaurants** ist **Trinkgeld** *(la mancia)* kein „Muss", sondern ein höfliches „Kann". In der Regel ist auf der Speisenkarte angegeben, ob der Service im Preis inbegriffen ist *(servizio compreso)* oder als prozentualer Aufschlag extra erhoben wird. Auch eine kleine Gebühr für **pane e coperto** (das Gedeck) kann extra verlangt werden, wenn ausdrücklich darauf hingewiesen wird. Dennoch lässt man meist eine kleine Summe von etwa fünf bis zehn Prozent nach dem Bezahlen als Trinkgeld zurück. In **Bars** ist es üblich, das Münzgeld des Wechselgeldes liegen zu lassen. In **Hotels** sollten Portiers und Zimmermädchen ein Trinkgeld bekommen.

Verkehrsmittel

Der Stadtverkehr von Venedig ist wohl mit keiner anderen Stadt der Welt zu vergleichen. Hier ist alles anders. Es gibt nur zwei Möglichkeiten der Fortbewegung: zu Fuß oder auf dem Wasser. Auf kürzeren – und je nach Lage des Ziels teilweise auch auf längeren – Strecken kommt man zu Fuß oft am schnellsten voran.

Fußgängerverkehr

Fußgänger können sich an den gelben Schildern mit schwarzer Schrift orientieren, die den Weg aus der Stadt, d. h. zum Bahnhof („Alla Ferrovia") und zur Bushaltestelle und zu den Garagen („Per Piazzale Roma") weisen oder in bzw. durch die Stadt leiten („Per Rialto", „Per San Marco").

Schiffsverkehr

Wer nicht zu Fuß gehen möchte, dem stehen verschiedene Verkehrsmittel zur Verfügung: Vaporetti, Wassertaxis, Traghetti und Gondeln. Die **Linienboote, Vaporetti,** der städtischen Verkehrsbetriebe **Actv** zu benutzen, ist für längere Strecken oder zum Sightseeing zu empfehlen.

Wichtig: Im Sommer sind andere Linien aktiv als im Winter. Daher unbedingt die aushängenden **Linienpläne** beachten oder sich im Internet vorab informieren: www.actv.it. In der hinteren Umschlagklappe dieses CityTrips ist der bis Redaktionsschluss aktuelle Linienplan abgedruckt. Auf manchen Linien gibt es auch einen entsprechenden **Nachtservice** (Mondsichel um blaues N).

Die **Preise** der öffentlichen Verkehrsmittel sind teuer. Touristen müssen für eine einfache Fahrt 7 € zahlen, Gepäck kostet 3,50 €, es geht häufig kostenlos durch. Für Touristen bietet sich die **24-Stunden-Karte** an (20 €), ein 72-Stunden-Ticket kostet 35 €. Es gibt zudem Tickets für 12 (18 €), 36 (25 €) oder 48 Stunden (30 €) sowie eines für 7 Tage (50 €). Zeitkarten gelten inkl. einem Gepäckstück. Kinder bis 4 Jahre fahren gratis. **Tages- oder Mehrtageskarten** lohnen sich auf jeden Fall. Man kann sie auch mit reduzierter Bus- oder Schiffskarte vom und zum Flughafen buchen. Mehrtageskarten sind deutlich günstiger, wenn man sie im **Internet-Vorverkauf** bis 7 Tage vor Gültigkeit bucht:
› www.veniceconnected.com

Wichtig: Alle Karten, auch die Mehrtageskarten, funktionieren elektronisch. Sie müssen an den **weiß-roten, runden Lesegeräten** vor dem Einstieg entwertet bzw. aktiviert werden, sonst sind sie nicht gültig. Es genügt nicht, die Mehrtageskarten zu Beginn der Geltungsdauer zu aktivieren, die Karte muss bei jeder Fahrt erneut vor das Lesegerät gehalten werden! Am Lesegerät müssen keinerlei Tasten gedrückt werden. Einfach das Ticket vor das Gerät halten. Die **grünen Lesegeräte** entwerten nicht, dort kann man nur den Inhalt seiner Karte auslesen.
› **Informationen** (u. a. ein Fahrplanheft für die Schiffslinien und den Lido-Bus und einen Tarifüberblick) erhält man im Info-Büro von Actv, Piazzale Roma [A5], Tel. 041 5287886, Fax 041 5222633, oder im Internet unter www.actv.it bzw. www.hellovenezia.it, www.veniceconnected.com, www.venicelink.com sowie an den Haltestellen.

Wassertaxis: Schnittige Motorboote werden mittels **kleiner, gelber Lizenztafeln** als Taxis ausgewiesen. Sie

Praktische Reisetipps

Wetter und Reisezeit

EXTRATIPP

Venice connected – Eintrittskarte in die Lagune
Vorausbuchen lohnt sich! Den Besuchermassen versucht man in Venedig mit modernen Steuerungsmethoden Herr zu werden: über den Geldbeutel! Preiswertere Schiffskarten, günstigere Museumseintritte, sogar der Toilettenbesuch wird kostengünstiger, wenn die Stadt nicht so voll ist. Wer sich bei www.veniceconnected.com für eine als grün und damit als besucherärmer markierte Reisezeit entscheidet und seine möglichen Fortbewegungs-, Bildungs- und „Entsorgungs"-Bedürfnisse durch eine Internetbuchung im Voraus befriedigt, spart. In den Rubriken „Verkehrsmittel", „Parken", „Kultur", „Unterhaltung" (WLAN) und „Serviceleistungen" (WC) gibt es bei Vorausbuchung bis zu 7 Tage vor Anreise z. T. starke Vergünstigungen. So schwankt beispielsweise der Preis für die 7-tägige Schiffskarte je nach Vorausbuchungszeitraum und Saison zwischen 37,50 und 50 €.

können auch in die kleineren Kanäle einfahren, die nicht von Linienbooten bedient werden, fahren nach **Festtarifen** und sind ziemlich teuer. Der offiziell festgelegte Grundpreis beträgt 15 €. Eine Fahrt von zehn Minuten kostet 35 €, danach kommen alle 60 Sekunden 2 € hinzu. Zuschläge: mehr als zwei Personen 5 € pro Person, telefonische Bestellung 5 €. Es gibt 15 verschiedene Taxigesellschaften, die an vielen Punkten der Stadt ihre Standplätze haben.
> **Venezia Taxi Consorzio,**
  Tel. 041 723112, www.veneziataxi.it
> **Consorzio Motoscafi Venezia,**
  Tel. 041 5222303,

Die sonstigen Verkehrsmittel Venedigs werden von Muskelkraft betrieben. Ganz besonders wichtig sind sogenannte **Traghetti**, Gondelfähren, die im Pendelverkehr an acht Stellen Fußgänger über den Canal Grande bringen. Die Fahrt mit einem Traghetto ist die günstigste Möglichkeit, einmal eine Gondelfahrt zu genießen. Man zahlt 2 € (beim Gondoliere im Boot) und wird stehend von einem Ufer zum anderen gebracht. Die Traghetto-Stationen sind am Ufer mit grün-goldenen Schildern markiert. Traghetti stellen zu unterschiedlichen Zeiten ihren Service ein, sie orientieren sich an den Geschäftsöffnungszeiten. Manche fahren sonntags nicht.

Gondeln sind eines der Wahrzeichen Venedigs und werden nur noch zu touristischen Zwecken benutzt. Eine Gondelfahrt ist **kein ganz billiges Vergnügen**. Die vorgeschriebenen Festpreise sind an den Standplätzen angeschlagen, verhandeln ist dringend anzuraten. Fahrten bis zu 40 Minuten kosten 80 € für bis zu sechs Personen, weitere 20 Minuten 40 €, nachts (20–8 Uhr) entsprechend mehr.
> **Ente Gondola,** Tel. 041 5285075

Wetter und Reisezeit

Die Monate **April bis Oktober** bieten das konstanteste (gute) Wetter. Es kann aber auch schon im März sehr warme Tage geben. Aber: In Venedig ist es in den **Sommermonaten** brütend heiß und es kann tropisch schwül werden. Nicht umsonst fliehen die Venezianer in dieser Zeit aufs kühlere Festland. Zudem sind viele Lokale und Läden im Hochsommer geschlossen. In der Regel öffnet alles wieder am ersten Septemberwochenende. Zu Ostern, Pfingsten und um Allerheiligen wird es in Venedig sehr voll.

Praktische Reisetipps
Wetter und Reisezeit

EXTRATIPP

Venedig aus der Luft
Helikoptertouren vom Flughafen Nicelli auf dem Lido aus bieten unglaubliche Einblicke in die Lagune. Täglich um 11, 12, 16 und 17 Uhr hebt der Hubschrauber ab. Die Flugdauer variiert zwischen 9 und 30 Minuten, die Kosten reichen von 110 bis 330 €, Schiffstransfer zum Flughafen inbegriffen. Die Flüge sind in den Touristeninformationen (s. S. 111) zu buchen.
› www.heliairvenice.com

Bei der luxuriösen Variante hebt man über dem südlichen Venedig ab. Man kann die Lagune von der Insel San Clemente aus stündlich mit dem **Wasserflugzeug** aus der Luft erleben. Dorthin kommt man mit dem kostenlosen Bootstransfer des Hotels San Clemente ab Anlegestelle San Marco [G7] oder ab dem Kreuzfahrtterminal. Für 320 € pro Person ist es aber nicht ganz billig.
› www.seawingsvenice.com

Von **Mitte November bis zum Beginn des Karnevals** (im Februar oder März) ist weniger los und man kann auch in diesen Monaten noch sehr schöne Tage (optisch wie temperaturmäßig) erleben. Zu beachten ist, dass in diesen Monaten (besonders im Januar) viele Hotels und Restaurants ihren Jahresurlaub halten.

Anhang

Kleine Sprachhilfe Italienisch

Die Sprachhilfe stammt aus den Kauderwelsch-Sprechführern „Italienisch – Wort für Wort" und „Italienisch kulinarisch" des REISE KNOW-HOW Verlags.

Aussprachregeln

Hier die Buchstaben(kombinationen), deren Aussprache abweichend vom Deutschen ist bzw. sein kann:

ie, ai, eu	Doppellaute werden immer getrennt; ausgesprochen, also „i-e", „a-i", „e-u".
c	wie „k" vor den Selbstlauten a, o, u; wie „tsch" in „Matsch" vor den Selbstlauten e, i
ch	wie „k"
g	wie „g" vor den Selbstlauten a, o, u; wie „dsch" in „Dschungel" vor den Selbstlauten e, i
gh	wie „g"
gli	wie „lj"
gn	wie „nj" in „Tanja"
h	stumm, wird nicht gesprochen
r	gerolltes Zungenspitzen-r
s	am Wortanfang immer stimmloses „s" wie in „Bus"; in der Wortmitte zwischen Selbstlauten stimmhaftes „s" wie in „Rose"
st	spitzes „st" wie in „Hast"
v	wie „v" in „Vase"
z	stimmhaftes „ds" wie in „Rundsaal"

Richtungsangaben

(a) sinistra	(nach) links
(a) destra	(nach) rechts
davanti	vor, vorne
tornare	zurückgehen

Fragewörter

chi?	wer?
che (cosa)?	was?
come?	wie?
dove?	wo(hin)?
di/da dove?	woher?
quando?	wann?
perchè?	warum?
quanto?	wie viel?
quanti/-e?	wie viele?
quale?	welche(r)?

Zeitangaben

oggi	heute
domani	morgen
ieri	gestern
subito	sofort
fra poco	bald
sempre	immer
mai	nie
prima	vorher
dopo	nachher
di mattina	morgens
a mezzogiorno	mittags
di pomeriggio	nachmittags
di sera	abends
di notte	nachts
a mezzanotte	um Mitternacht
lunedì	Montag
martedì	Dienstag
mercoledì	Mittwoch
giovedì	Donnerstag
venerdì	Freitag
sabato	Samstag
domenica	Sonntag

Floskeln und Redewendungen

ja – nein	sì – no
bitte (um etw. bitten)	per favore
Bitteschön! (anbieten)	Prego!
(Vielen) Dank!	Grazie (tanto)!
Guten Morgen/Tag!	Buongiorno!
Guten Abend!	Buona sera!

+++ NEU: Die wichtigsten Wörter mit dem Bonus-Audiotrack des Kauderwelsch-

Anhang
Kleine Sprachhilfe Italienisch

Herzlich willkommen!	*Benvenuto!/Benvenuta!*
Wie geht es dir/Ihnen?	*Come stai/sta?*
(Sehr) gut. – Schlecht.	*(Molto) bene. – Male.*
Auf Wiedersehen! (du/Sie)	*Arrivederci!/ArrivederLa!*
Bis später!/Bis morgen!	*A più tardi!/A domani!*
In Ordnung!	*Va bene!, D'accordo!*
Ich weiß (es) nicht.	*Non (lo) so.*
Guten Appetit!	*Buon appetito!*
Zum Wohl!, Prost!	*Salute!, Cin cin!*
Die Rechnung, bitte!	*Il conto, per favore!*
Entschuldige/n Sie!	*Scusa!/Scusi!*
Es tut mir leid!	*Mi dispiace.*
Helfen Sie mir bitte!	*Mi aiuti, per favore!*
Hilfe!	*Aiuto!*

Einkaufsfloskeln

Ich suche ...	*Cerco ...*
Haben Sie ...?	*Ha ...?*
Wo kann ich ... finden?	*Dove posso trovare ...?*
Wo ist der nächste Supermarkt?	*Dov'è il supermercato più vicino?*
Ich hätte gern ...	*Vorrei ...*
Wie viel kostet das?	*Quanto costa?*
Etwas weniger/mehr, bitte.	*Un po' di meno/più, per favore.*
Geben Sie mir ...	*Mi dà ...*
Danke, das genügt.	*Basta così, grazie.*
Danke, das ist alles.	*Grazie, è tutto.*

Begriffe im Restaurant

menù	Speisekarte
antipasto	Vorspeise
primo	erster Gang
secondo	zweiter Gang
dessert (m)	Nachspeise
porzione (w)	Portion
piatto del giorno	Tagesgericht
lista delle bevande	Getränkekarte
piatto	Teller
tazza	Tasse
vino	Wein
birra	Bier
acqua	Wasser
pane (m)	Brot
bottiglia	Flasche
bicchiere (m)	Glas
coperto	Gedeck
posate	Besteck
forchetta	Gabel
coltello	Messer
cucchiaio	Löffel
minestra	Suppe
carne (w)	Fleisch
pesce (m)	Fisch
frutta	Obst
verdura	Gemüse
contorno	Beilage
insalata	Salat

Im Restaurant bestellen

Können wir bitte die Speisekarte/Getränkekarte haben?	*Possiamo avere il menù/la lista delle bevande, per favore?*
Wir möchten bitte bestellen.	*Vorremmo ordinare.*
Was können Sie uns empfehlen?	*Cosa ci consiglia?*
Was ist das Tagesgericht?	*Cos'è il piatto del giorno?*
Ich nehme als Vorspeise/ersten Gang/zweiten Gang ...	*Prendo come antipasto/primo piatto/secondo piatto ...*
Die Rechnung, bitte.	*Il conto, per favore.*
Stimmt so, danke.	*Va bene così, grazie.*

AusspracheTrainers auf PC oder Smartphone lernen (siehe Umschlag hinten) +++

Mamma mia!
Der Kauderwelsch-Jubiläumsband Italienisch 3 in 1

Der Kauderwelsch-Band **Italienisch 3 in 1** umfasst gleich 3 Sprachführer – damit ist man im Italien-Urlaub für jede Situation gewappnet!

- **Italienisch Wort-für-Wort**
  Im Ausland gleich mit Sprechen loslegen

- **Italienisch kulinarisch**
  Mehr als nur Pizza bestellen können: 1000 Begriffe rund um die italienische Küche

- **Italienisch Slang**
  Lockere Unterhaltung statt akademischer Diskurs: die wichtigsten umgangssprachlichen Ausdrücke und Gesten

www.reise-know-how.de

Register

A
Acqua alta 76
Anreise 106
Anticollegio 74
Antiquitäten 16
Apotheken 115
Arco Foscari 74
Arsenal 67
Arzt 114
Assunta (Tizian) 82
Auslandskranken-
  versicherung 114
Auto 107
Autofahren 108

B
Bàcari 27
Bahn 107
Bahnhof Venezia Santa
  Lucia 107
Barrierefreiheit 109
Bars 25, 36
Basilica di San Marco 71
Bed and Breakfast 126
Bellini, Giovanni 82
Biblioteca Nazionale
  Marciana 39
Biennale 44
Biennale-Gelände 68
Bücher 16
Bummeln 14
Burano 101

C
Ca' d'Oro 41
Ca' Farsetti 96
Ca' Foscari 97
Ca' Loredan-Corner 96
Campanile di San Marco 72
Camping 127
Campo dei Mori 61
Canal Grande 93
Cannaregio 58
Ca' Pesaro 41
Ca' Rezzonico 89
Castello 63
Chiesa dei Gesuiti Santa
  Maria Assunta 62
Chiesa delle Zitelle 91
Chronik 50
Cicchetti 27
Commissario Brunetti 65

D
Diplomatische
  Vertretungen 109
Discos 36
Dogana da Mar 87
Dogengräber 64
Dogenpalast 73
Dorsoduro 83

E
EC-Karte 109
Einfache Lokale 27
Einkaufen 15
Einwohnerentwicklung 54
Eisdielen 35
Enotheken 25
Entspannen 45
Erholung 45
Essen 22
Europäische Kranken-
  versicherungskarte
  (EHIC) 114
Events 11

F
Feiertage 12
Fenice-Theater 78
Ferienwohnungen 126
Festa della Madonna della
  Salute 87
Festa della Sensa 12
Festa del Redentore 13
Festa di San Marco 12
Flanieren 14
Flaniermeile 88
Fliegen 106
Flughafen Marco Polo 106
Flughafen Treviso 106
Flughafenverbindung 106

Fondaco dei Tedeschi 96
Fondaco dei Turchi 93
Fondazione Emilio e
  Annabianca Vedova 40
Fondazione Prada 41
François Pinault
  Foundation 87
Frari-Kirche 81
Fremdenverkehrsbüro 111
Frezzeria 15
Friedhofsinsel
  San Michele 99
Fußgänger 128

G
Galleria Franchetti –
  Ca' d'Oro 41
Galleria internazionale d'Arte
  Moderna – Ca' Pesaro 41
Gallerie dell'Accademia 84
Gassen 49
Gastronomie 22
Gedeck (coperto) 23
Geldfragen 109
Geschichte 50
Getränke 24
Getto 59
Giardini Ex Reali 46
Giudecca-Insel 91
Glas 17
Glasbläser 100
Gobbo di Rialto 81
Goldoni-Museum 42
Gondelfähren 129
Gondeln 89, 129
Gondelwerft 88

H
Handwerk 17
Herbergen 125
Hochwasser 54
Hotels 121
Hunde 111

I
Il Redentore 92
Informationsquellen 111

Anhang
Register

Infostellen 111
Internet 114
Internetcafés 114
Internettipps 113

J
Jesuitenkirche 62
Jüdischer Friedhof 104
Jugendherbergen 125

K
Kaffeehäuser 34
Karneval 12
Karneval, venezianischer 80
Kartenverlust 116
Kinder 115
Kino 39
Kirchturm von San Marco 72
Klima 129
Kombitickets 39
Konditoreien 34
Konsulate 109
Konzerte 38
Krankenhäuser 115
Kreuzfahrthäfen 107
Küche, venezianische 22
Kunst 39
Kunst-Biennale 13

L
Lage der Stadt 48
Lagune von Venedig 50
Lazzaretto Nuovo 102
Leder 19
Leon, Donna 112
Lesben 117
Le Stanze del Vetro 42
Lido 103
Linienboote 128
Literaturtipps 112
Livemusik 36
Lokale 25
Löwe, geflügelter 71

M
Madonna dell'Orto 60
Maestro-Karte 109
Marghera 48
Märkte 19
Markus, heiliger 50, 71
Markuskirche 71
Markusplatz 70
Masken 19
Medizinische
    Versorgung 114
Meereszollstation 87
Menschen mit
    Behinderung 109
Mercerie 15
Mestre 48
Mode 20
Molo 71
Mostra Internazionale d'Arte
    Cinematografica 13
Murano 100
Museen 39
Museo Correr 42
Museo della Fondazione
    Querini-Stampalia 42
Museo del Manicomio di
    Venezia 102
Museo del Settecento 89
Museo del Vetro 43
Museo di San Marco 43
Museo Ebraico 42
Museo Storico Navale 43
Museums-Pass 39

N
Nachtleben 36
Notfälle 116
Notruf 116

O
Öffnungszeiten 16, 23
Oper 38
Osteria 25

P
Pala d'Oro 72
Palazzo Barbarigo
    della Terrazza 97
Palazzo Bembo 96
Palazzo Centani 42
Palazzo Contarini
    delle Figure 97
Palazzo Corner
    della Regina 95
Palazzo Corner Spinelli 96
Palazzo Da Mosto 95
Palazzo Dario 98
Palazzo dei Camerlenghi 81
Palazzo Dolfin Manin 96
Palazzo Ducale 73
Palazzo Franchetti 98
Palazzo Giustinian 97
Palazzo Grassi 79
Palazzo Grimani 69
Palazzo Labia 93
Palazzo Pisani-Moretta 97
Palazzo Vendramin-
    Calergi 93
Palazzo Venier dei Leoni 85
Palladio, Andrea 90, 92
Papier 20
Parken 108
Peggy Guggenheim
    Collection 85
Perlen 20
Piazza San Marco 70
Piazzetta 71
Pinacoteca e Museo di San
    Lazzaro degli Armeni 44
Pinault, François 79, 87
Pizzerien 33
Plagiate 16
Plätze 49
Polizei 118
Ponte degli Scalzi 93
Ponte dell'Accademia 97
Ponte della Costituzione 58
Porta della Carta 73
Porta della Paglia 74
Porta di S. Alippio 74
Porto 117
Post 117
Preise 111
Preisnachlässe 16
Preistipps 110
Prokuratien 71
Punta della Dogana 87

Register

R
Radtour 104
Rauchen 31
Regata della Befana 12
Regata storica 14
Reisezeit 129
Restaurants 30
Rialto 79
Rialtobrücke 80
Rolling Venice 110
Rundgang 8

S
Sala del Collegio 74
Sala delle Quattro Porte 74
Sala del Maggior
 Consiglio 74
Sala del Senato 75
Salute-Kirche 85
San Francesco
 della Vigna 66
San Giacomo di Rialto 81
San Giorgio Maggiore 90
San Marco 70
San Michele 99
San Moisè 77
San Pietro in Castello 68
San Polo 79
San Servolo 102
San Stae 93
Santa Croce 79
Santa Maria Assunta 101
Santa Maria dei Miracoli 62
Santa Maria del Giglio 78
Santa Maria della Salute 85
Santa Maria Formosa 69
Santa Maria Gloriosa
 dei Frari 81
Santi Giovanni e Paolo 63
Santi Maria e Donato 100
Santo Stefano 79
San Zaccaria 69
Scala d'Oro 74
Schiffsverkehr 128
Schmuck 21
Schuhe 21
Schwule 117
Scuola Dalmata S. Giorgio
 degli Schiavoni 67
Scuola Grande
 dei Carmini 88
Scuola Grande
 di San Marco 64
Scuola Grande
 di San Rocco 82
Scuola Grande San Giovanni
 Evangelista 83
Seebad 103
Sestieri 14, 49
Seufzerbrücke 74
Shopping 15
Sicherheit 118
Silvester 14
Spitze 21
Sprache 118
Sprachhilfe Italienisch 132
Spritz 24
Stadtspaziergang 8
Stadtteile 49
Standbild Colleonis 64
Stoffe 21
Strada Nova 58
Straßennamen 49
Su e zo per i ponti 12
Synagogen 59

T
Taschendiebstahl 118
Teatro La Fenice 78
Telefonieren 120
Termine 11
Tetrarchen 71
Theater 38
Tiepolo, Giovanni
 Battista 89
Tintoretto 61, 74, 82
Tizian 82
Toiletten 120
Torcello 101
Torre dell'Orologio 75
Tourismus 55
Touristeninformationen 111
Traghetti 129
Tramezzino 23
Translatio 71
Trinken 24
Trinkgeld 127
Türkenflug 80

U
Uhrturm 75
Umgebungsziele 99
Umweltschutz 56
Universität Venedig 97
Unterkunft 120

V
Vaporetti 128
Vegetarische Küche 24
Venezianisch (Sprache) 118
Venice Marathon 14
Veranstaltungen 11
Veranstaltungs-
 informationen 113
Verfassungsbrücke 58
Verhaltenstipps 127
Verkehrsmittel 128
Vogalonga 12
Vorwahlnummern 120

W
Wassertaxis 128
Wasserwege 49
Weinlokale 25
Wetter 129
WLAN-Hotspots 114
Wochenendtrip 8

Z
Zattere 88
Zimmersuche 121
Zug 107

Die Autorin

Birgit Weichmann (geb. 1963) lebte während der Recherchen für ihre Doktorarbeit längere Zeit in Venedig. Seither hat die Stadt sie nicht mehr losgelassen. Mehrmals im Jahr ist sie in der Lagunenstadt, meist in den Wintermonaten, in denen sie der Stadt im Wasser besonders viel abgewinnen kann. Die freie Journalistin hat inzwischen Berlin zu ihrem Lebensmittelpunkt gemacht.

Viele Jahre lang war es eines ihrer Hobbys, als offizielle Gästeführerin der Stadt Regensburg vor allem ausländischen Touristen ihre Heimatstadt näherzubringen. Daher kennt sie die besonderen Belange von Touristen auch aus praktischem Erleben. Ihr umfangreicher CityGuide „Venedig und die Lagune" aus dem REISE KNOW-HOW Verlag ist bereits in sechster Auflage erschienen.

Schreiben Sie uns

Dieser CityTrip-Band ist gespickt mit Adressen, Preisen, Tipps und Infos. Nur vor Ort kann überprüft werden, was noch stimmt, was sich verändert hat, ob Preise gestiegen oder gefallen sind, ob ein Hotel, ein Restaurant immer noch empfehlenswert ist oder nicht mehr usw. Unsere Autoren sind zwar stetig unterwegs und erstellen alle zwei Jahre eine komplette Aktualisierung, aber auf die Mithilfe von Reisenden können sie nicht verzichten.

Darum: Schreiben Sie uns, was sich geändert hat, was besser sein könnte, was gestrichen bzw. ergänzt werden soll. Wenn sich die Infos direkt auf das Buch beziehen, würde die Seitenangabe uns die Arbeit sehr erleichtern. Gut verwertbare Informationen belohnt der Verlag mit einem Sprechführer Ihrer Wahl aus der über 220 Bände umfassenden Reihe „Kauderwelsch".

Bitte schreiben Sie an:
REISE KNOW-HOW Verlag Peter Rump GmbH, Postfach 140666, D-33626 Bielefeld, oder per E-Mail an:
info@reise-know-how.de

Danke!

Liste der Karteneinträge

- ❶ [A4] Ponte della Costituzione S. 58
- ❷ [D2] Ghetto S. 59
- ❸ [E1] Madonna dell'Orto S. 60
- ❹ [E2] Campo dei Mori S. 61
- ❺ [G3] Jesuitenkirche S. 62
- ❻ [G4] Santa Maria dei Miracoli S. 62
- ❼ [H4] Santi Giovanni e Paolo S. 63
- ❽ [H4] Scuola Grande di San Marco und Standbild Colleonis S. 64
- ❾ [J5] San Francesco della Vigna S. 66
- ❿ [I6] Scuola Dalmata S. Giorgio degli Schiavoni S. 67
- ⓫ [J6] Arsenal S. 67
- ⓬ [L9] Biennale-Gelände S. 68
- ⓭ [M6] San Pietro in Castello S. 68
- ⓮ [H6] San Zaccaria S. 69
- ⓯ [H5] Santa Maria Formosa S. 69
- ⓰ [H5] Palazzo Grimani S. 69
- ⓱ [G6] Markusplatz S. 70
- ⓲ [G6] Markuskirche S. 71
- ⓳ [G6] Kirchturm von San Marco S. 72
- ⓴ [G7] Dogenpalast S. 73
- ㉑ [G6] Uhrturm S. 75
- ㉒ [F/] San Moisè S. 77
- ㉓ [E7] Santa Maria del Giglio S. 78
- ㉔ [E7] Fenice-Theater S. 78
- ㉕ [E6] Santo Stefano S. 79
- ㉖ [D6] Palazzo Grassi S. 79
- ㉗ [F4] Rund um Rialto S. 79
- ㉘ [D5] Frari-Kirche S. 81
- ㉙ [C5] Scuola Grande di San Rocco S. 82
- ㉚ [C5] Scuola Grande San Giovanni Evangelista S. 83
- ㉛ [D7] Gallerie dell'Accademia S. 84
- ㉜ [E8] Peggy Guggenheim Collection S. 85
- ㉝ [F8] Santa Maria della Salute S. 85
- ㉞ [F8] Punta della Dogana – François Pinault Foundation S. 87
- ㉟ [D8] Zattere S. 88
- ㊱ [B6] Scuola Grande dei Carmini S. 88
- ㊲ [C7] Museo del Settecento – Ca' Rezzonico S. 89
- ㊳ [H9] Insel San Giorgio Maggiore S. 90
- ㊴ [C10] Insel Giudecca S. 91
- ㊵ [G9] Chiesa delle Zitelle S. 91
- ㊶ [E10] Il Redentore S. 92
- ㊷ [E5] Canal Grande S. 93
- ㊸ [S. 143] Friedhofsinsel San Michele S. 99
- ㊹ [S. 143] Murano S. 100
- ㊺ [S. 143] Torcello S. 101
- ㊻ [S. 143] Burano S. 101
- ㊼ [S. 143] San Servolo S. 102
- ㊽ [S. 143] Lazzaretto Nuovo S. 102
- ㊾ [S. 143] Lido S. 103

- 🛍1 [D6] Antiquus S. 16
- 🛍2 [D6] Guarinoni S. 16
- 🛍3 [E4] Le Zoie S. 16
- 🛍4 [E6] quel che manca S. 16
- 🛍5 [H5] Libreria „Acqua Alta" S. 16
- 🛍6 [G4] Libreria Miracoli S. 16
- 🛍7 [G4] Marco Polo S. 16
- 🛍8 [C7] Toletta S. 16
- 🛍9 [D5] Amadi S. 17
- 🛍10 [G6] Archimede Seguso S. 17
- 🛍11 [D5] Fabio Calchera S. 17
- 🛍12 [G6] Venini S. 17
- 🛍13 [G3] Vittorio Costantini S. 17
- 🛍14 [C7] Signor Blum, Legno e Dintorni S. 17
- 🛍15 [B7] Davide Battistin S. 17
- 🛍16 [D5] Mario Gabbiato S. 17
- 🛍17 [C4] intagiadora S. 17
- 🛍18 [E6] Rigattieri S. 18
- 🛍19 [H3] Fucina de Rossi S. 18
- 🛍20 [G6] Fonditore Valese S. 18
- 🛍21 [C7] Bressanello Artstudio S. 18
- 🛍22 [E5] Ottica Vascellari S. 18
- 🛍23 [D5] Franco Furlanetto S. 18
- 🛍24 [E3] Malefatte S. 18
- 🛍25 [D5] Fanny S. 19
- 🛍26 [E5] Francis Model S. 19
- 🛍27 [D6] Mazzon „le Borse" S. 19
- 🛍28 [D5] Officine 904 S. 19
- 🛍29 [H6] Ca' del Sol S. 19

Anhang
Liste der Karteneinträge

- 🛍30 [C7] Ca' Macana S. 19
- 🛍31 [F6] Franco Puppato S. 20
- 🛍32 [E5] Hibiscus S. 20
- 🛍33 [E6] Alberto Valese-Ebrû S. 20
- 🛍34 [D4] Cartavenezia S. 20
- 🛍35 [D2] Codex S. 20
- 🛍36 [E4] Grafiche ellemme S. 20
- 🛍37 [E6] Perle e dintorni S. 20
- 🛍38 [G3] Gianni Basso, Stampatore a Venezia S. 20
- 🛍39 [F4] Drogheria Mascari S. 20
- 🛍40 [I6] Muranero S. 21
- 🛍41 [C3] Calzature Alessandro Zanon S. 21
- 🛍42 [F6] Daniela Ghezzo S. 21
- 🛍43 [G5] Giovanna Zanella S. 21
- 🛍44 [E5] West End S. 21
- 🛍45 [D5] Lombardi S. 21
- 🛍46 [F4] Fullspot S. 21
- 🛍47 [G7] Jesurum S. 21
- 🛍48 [G7] Martinuzzi S. 21
- 🛍49 [F7] Venetia Studium S. 21
- 🍴50 [C6] Pizza Al Volo S. 24
- 🍴51 [H6] Aciugheta Enoteca S. 25
- 🍴52 [C8] Al Bottegon S. 25
- 🍴53 [D4] Enoteca Al Prosecco S. 25
- 🍴54 [G3] Bar Algiubagiò S. 26
- 🍴55 [F4] El Sbarlefo S. 26
- 🍴56 [D2] Hostaria del Ghetto S. 26
- 🍴57 [D5] Bar ai Nomboli S. 26
- 🍴58 [F4] Osteria All'Arco S. 26
- 🍴59 [F4] Pronto Pesce S. 26
- 🍴60 [D8] Bar da Gino S. 26
- 🍴61 [C7] Bar Toletta S. 26
- 🍴62 [C9] Snack Bar Palanca S. 26
- 🍴63 [F3] Osteria ai Osti S. 27
- 🍴64 [F4] Taverna del Campiello Remer S. 27
- 🍴65 [L8] Serra dei Giardini S. 28
- 🍴66 [G5] Osteria Al Portego S. 28
- 🍴67 [H5] Osteria alla Staffa S. 28
- 🍴68 [E6] Bàcaro Da Fiore S. 28
- 🍴69 [F5] Trattoria Antico Calice S. 28
- 🍴70 [G5] Rosticceria San Bartolomeo S. 28
- 🍴71 [E4] Cantina Do Spade S. 29
- 🍴72 [F5] Osteria Al Sacro e Profano S. 29
- 🍴73 [F4] Osteria Cicchetteria Al Pesador S. 29
- 🍴74 [C7] Casin dei Nobili S. 29
- 🍴75 [B7] Da Codroma S. 29
- 🍴76 [C10] Food & Art, Self Service, Mensa Interaziendale S. 29
- 🍴77 [F4] Fiaschetteria Toscana S. 30
- 🍴78 [F4] Trattoria Da Bepi S. 30
- 🍴79 [D1] Osteria Ai quaranta ladroni S. 30
- 🍴80 [D1] Osteria Anice Stellato S. 31
- 🍴81 [G4] Osteria da Alberto S. 31
- 🍴82 [D2] Eno-Ostaria al Timon S. 31
- 🍴83 [B2] Trattoria dalla Marisa S. 31
- 🍴84 [H3] Da Alvise S. 31
- 🍴85 [G5] Alle Testiere S. 31
- 🍴86 [L8] Hostaria da Franz S. 31
- 🍴87 [E6] Al Bacareto S. 32
- 🍴88 [E4] Al nono risorto S. 32
- 🍴89 [D4] Alla Zucca S. 32
- 🍴90 [C3] Osteria Alba Nova S. 32
- 🍴91 [F5] Antica Osteria Ruga Rialto S. 32
- 🍴92 [E4] Vecio Fritoin S. 32
- 🍴93 [B8] Ae Oche 2 S. 32
- 🍴94 [C7] Ristoteca Oniga S. 32
- 🍴95 [A7] Pane vino e San Daniele S. 32
- 🍴96 [D10] L'Altanella S. 32
- 🍴97 [F10] Figli delle stelle S. 33
- 🍴98 [L8] Dai Tosi S. 33
- 🍴99 [J7] Trattoria-Pizzeria Sottoprova S. 33
- 🍴100 [D4] Ae Oche S. 33
- 🍴101 [D4] Due Colonne S. 33
- 🍴102 [E4] Muro. Pizza e Cucina S. 33
- 🍴103 [D4] Il Refolo S. 33
- 🍴104 [C9] Trattoria Do Mori S. 33
- ☕105 [G7] Caffè Florian S. 34
- ☕106 [G6] Gran Caffè Quadri S. 34
- ☕107 [G6] Caffè Lavena S. 34
- ☕108 [D4] Bucintoro S. 34
- ☕109 [C3] Dal Mas S. 34
- ☕110 [C4] Gilda Vio S. 35
- ☕111 [C7] Tea Room Beatrice S. 35
- ☕112 [C6] Tonolo S. 35

Anhang
Liste der Karteneinträge

- ◎113 [G5] Boutique del Gelato S. 35
- ◎114 [C8] Gelateria da Nico S. 35
- ◎115 [C5] Millevoglie da Tarcisio S. 35
- ❶116 [C2] Bar Al Parlamento S. 36
- ❶117 [F4] Al Mercà S. 36
- ❶118 [C6] Café Noir S. 36
- ❶119 [C6] Caffè Rosso (Il Caffè) S. 37
- ❶120 [F4] Caffè Vergnano 1882 S. 37
- ❶121 [E3] Dogado Lounge S. 37
- ❶122 [C6] Margaret Duchamp S. 37
- ❶123 [F4] Muro. Vino e cucina S. 37
- ❸124 [D7] Piccolo Mondo By El Souk S. 37
- ❶125 [B9] Skyline Bar im Molino Stucky Hotel S. 37
- ❶126 [F6] Torino@notte S. 37
- ❶127 [G5] Zansibar S. 37
- ❶128 [B8] Al Chioschetto S. 37
- ❸129 [C7] Venice Jazz Club S. 38
- ◎130 [F5] Teatro Goldoni S. 38
- ◎131 [F6] Teatro San Gallo S. 38
- 🏛132 [G7] Biblioteca Nazionale Marciana S. 39
- 🏛133 [E9] Fondazione Emilio e Annabianca Vedova S. 40
- 🏛134 [F4] Ca' d'Oro – Galleria Franchetti S. 41
- 🏛135 [E3] Ca' Pesaro – Galleria internazionale d'Arte Moderna S. 41
- 🏛136 [E4] Fondazione Prada – Ca' Corner della Regina S. 41
- 🏛137 [D5] Goldoni-Museum S. 42
- 🏛138 [I8] Le Stanze del Vetro S. 42
- 🏛139 [F7] Museo Correr S. 42
- 🏛140 [D2] Museo Ebraico S. 42
- 🏛141 [H5] Museo della Fondazione Querini-Stampalia S. 42
- 🏛142 [G6] Museo di San Marco S. 43
- 🏛143 [J7] Museo Storico Navale S. 43
- 🏛146 [G6] Negozio Olivetti S. 71
- ★147 [B3] Ponte degli Scalzi S. 93
- ★148 [C3] Palazzo Labia S. 93
- ★149 [D3] Fondaco dei Turchi S. 93
- ★150 [D3] Palazzo Vendramin-Calergi S. 93
- ★151 [E3] San Stae S. 93
- ★152 [E4] Palazzo Corner della Regina S. 95
- ★153 [F4] Palazzo Da Mosto S. 95
- ★154 [F5] Fondaco dei Tedeschi S. 96
- ★155 [F5] Palazzo Dolfin Manin S. 96
- ★156 [F5] Palazzo Bembo S. 96
- ★157 [F5] Ca' Loredan-Corner und Ca' Farsetti S. 96
- ★158 [E5] Palazzo Corner Spinelli S. 96
- ★159 [D6] Palazzo Barbarigo della Terrazza S. 97
- ★160 [D6] Palazzo Pisani-Moretta S. 97
- ★161 [C6] Ca' Foscari S. 97
- ★162 [C6] Palazzo Giustinian S. 97
- ★163 [D6] Palazzo Contarini delle Figure S. 97
- ★164 [D7] Ponte dell'Accademia S. 97
- ★165 [D7] Palazzo Franchetti S. 98
- ★166 [E8] Palazzo Dario S. 98
- ●168 [B3] Bahnhof Venezia Santa Lucia S. 107
- ●170 [B5] Deutsches Honorarkonsulat S. 109
- ●171 [B5] Österreichisches Honorarkonsulat S. 109
- ●172 [D8] Schweizer Konsulat S. 109
- ❶173 [B3] APT Stazione S. 113
- ❶174 [G7] APT San Marco 71 F S. 113
- ❶175 [G7] Venice Pavilion S. 113
- ❶176 [A5] APT Piazzale Roma S. 113
- @178 [G5] Venetian Navigator S. 114
- @179 [D2] Planet Internet S. 114
- @180 [C3] Venice Internet Point S. 114
- ❶182 [H4] Ospedale Civile S. 115
- ✉183 [G5] Posta Centrale S. 117
- 📞184 [H6] Carabinieri S. 118
- 🏨185 [G5] Ai Bareteri S. 121
- 🏛186 [G6] Ai do Mori S. 121
- 🏛187 [C5] Al Gallo S. 121
- 🏨188 [C3] Alloggi Gerotto Calderan S. 121
- 🏛189 [D2] Arcadia S. 122
- 🏛190 [G3] Casa Boccassini S. 122
- 🏛191 [C5] Casa Peron S. 122
- 🏛193 [I6] La Residenza S. 122
- 🏨194 [F7] Locanda Antico Casin S. 122

Anhang
Mit PC, Smartphone & Co.

🏠195 [D2] Kosher House Giardino dei Melograni S. 122
🏠196 [F4] Palazzo Lion Morosini S. 123
🏠197 [I6] Palazzo Soderini S. 123
🏠198 [F4] Pensione Guerrato S. 123
🏠199 [B3] Abbazia S. 123
🏠200 [B2] Ca' Dogaressa S. 123
🏠201 [D8] Belle Arti S. 123
🏠202 [J7] Ca' Formenta S. 123
🏠203 [E8] Charming House DD724 S. 123
🏠204 [E7] Dei Dragomanni S. 124
🏠205 [F7] Flora S. 124
🏠206 [D8] La Calcina S. 124
🏠207 [C7] Locanda San Barnaba S. 124
🏠208 [D5] Oltre il Giardino S. 124
🏠209 [C2] Palazzo Cendon S. 124
🏠210 [D7] Pensione Accademia S. 124
🏠211 [F4] Al Ponte Antico S. 124
🏠212 [B9] Molino Stucky Hilton S. 125
🏠213 [D7] Palazzo Stern S. 125
🏠214 [F10] Ostello di Venezia S. 125
🏠215 [D7] Casa Ugo e Olga Levi S. 125
🏠216 [D8] Centro Culturale Don Orione Artigianelli S. 125
🏠217 [D8] Domus Cavanis S. 125
🏠218 [D6] Domus Ciliota S. 125
🏠219 [H5] Foresteria Valdese S. 125
🏠220 [I6] Santa Maria della Pietà – Casa per ferie S. 126
🏠221 [M9] BBVenezia S. 126
🏠222 [B6] Ca' del Gallo S. 126
🏠223 [C5] Ca' San Rocco S. 126

> **Hier nicht aufgeführte Nummern** liegen außerhalb der abgebildeten Karten. Ihre Lage kann aber wie bei allen Ortsmarken im Buch mithilfe unserer Kartenansichten unter Google Maps™ gefunden werden (s. rechts).

Mit PC, Smartphone & Co.

Unsere **kostenlosen Begleitservices** unter www.reise-know-how.de (auf der Produktseite dieses Titels):

★ **Alle Ortsmarken des Buches unter Google Maps™**: Springen Sie im Internet direkt aus unseren thematischen Listen an den genauen Punkt auf der Karte. Luftbildansichten, Fotos und die Streetview-Funktion zeigen ein genaues Bild des Objektes und seiner Umgebung. Weitere Funktionen wie Routenplaner und Verkehrsplan erleichtern die Orientierung vor Ort.

★ Smartphone-Nutzern empfiehlt sich der direkte Aufruf dieses Online-Kartenservices als Web-App unter: http://ct-venedig.reise-know-how.de

★ **Faltplan als PDF mit Geodaten**: Nach dem Speichern auch mobil nutzbar auf allen Geräten mit PDF-Reader. Der aktuelle Acrobat Reader™ stellt Zusatzfunktionen für die Geodaten bereit. Für iPhone/iPad empfiehlt sich die App „PDF Maps" von Avenza™.

★ **GPS-Daten aller Ortsmarken**: einfacher Import in GPS-Geräte, Navis und Geosoftware auf PCs und mobilen Geräten

★ Kapitel „Praktische Reisetipps" als **kostenloses PDF**: Nach dem Speichern auch mobil nutzbar auf allen Geräten mit PDF-Reader. Darüber hinaus kann das Buch insgesamt oder eine persönliche **Auswahl einzelner Seiten als PDF käuflich erworben** werden.

★ **NEU** ★ **CityTrip als App**: Installieren Sie den **Reise Know-How Guide Store** aus dem iTunes Store bzw. Google Play Store und erwerben Sie buchbegleitende CityTrip-Apps mit vielen nützlichen Funktionen für die mobile Nutzung.

LINEE DI NAVIGAZIONE
WATERBORNE ROUTES

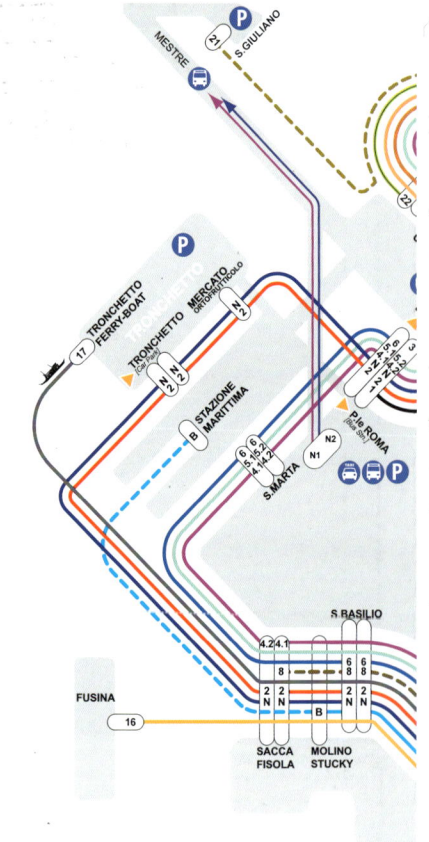

Remember to read the timetables shown

– – Seasonal route

▸ Ticket points or self-service ticket machines – **Hellovenezi**

 N = LINEE NOTTURNE
NIGHT SERVICES

 A = ALILAGUNA
ARANCIO

 B = ALILAGUNA
BLU

 O = ALILAGUNA
ORO

R = ALILAGUNA
ROSSA

BUY YOUR TICKETS FOR EVE

Hellovenezia è un Marchio / Trademark — vela Gruppo Actv